COMIDA DE
SANTO
QUE SE COME

COMIDA DE SANTO QUE SE COME

Chef **Carlos Ribeiro**

Prof. **Vilson Caetano**

Todos os direitos reservados © 2019

É proibida qualquer forma de reprodução, transmissão ou edição do conteúdo total ou parcial desta obra em sistemas impressos e/ou digitais, para uso público ou privado, por meios mecânicos, eletrônicos, fotocopiadoras, gravações de áudio e/ou vídeo ou qualquer outro tipo de mídia, com ou sem finalidade de lucro, sem a autorização expressa do autor.

Fotografias: Cristiano Lopes
Ilustrações: Chef Carlos Ribeiro

Catalogação na Publicação (CIP)

R484c	Ribeiro, Carlos., 1959-
	Comida de santo que se come / Carlos Manoel de Almeida Ribeiro, Vilson Caetano de Sousa Junior – 2ª ed. – São Paulo: Arole Cultural, 2019.
	184 p. : il.; 16cm x 23cm
	Inclui índice
	ISBN 978-85-906240-9-7
	1. Gastronomia. 2. Candomblé. 3. Religiões Afro-brasileiras. 4. Orixás. I. Souza Junior, Vilson Caetano de., II. Título.
	CDD 641.509
2019-925	CDU 641.55(083.12)

Elaborado por Odilio Hilario Moreira Junior - CRB-8/9949

*No candomblé há, é claro,
as comidas que todos os santos comem,
mas existem também aquelas que são preferenciais,
próprias de cada orixá.*

*Mesmo essas são de uma relativa exclusividade:
a comida define, marca a preferência de um santo,
mas pode perfeitamente também
ser oferecida a outros santos,
conforme o complexo relacionamento mítico
que os une ou associa.*

Mãe Olga do Alaketu

Dedicatória
&
Agradecimentos

Dedico esta obra ao meu pai **Ithamar Melo Ribeiro** *(in memorian)*, filho de Oxóssi, que me embalava na rede de dormir com as canções dos Orixás que aprendeu com seu tio Raminho - Babalorixá Raminho de Ogum ou Severino Elias de Melo - da casa Caboclo Juruá em Niterói, Rio de Janeiro.

À minha pequena e grande família: minha mãe, **Dna. Walkyria** *(in memoriam)*, e aos meus irmãos **Leonardo** e **Flávia**.

Também a todo povo de Santo em especial aos meus irmãos do **Ilê Obá L´Oke**, em Lauro de Freitas, Bahia.

Meus agradecimentos ao amigo e editor **Diego de Oxóssi**, por ter cuidado e organizado este livro com tanto zelo, como um banquete de agradecimento aos Orixás.

Ao **Babalorixá Vilson Caetano**, pelo incentivo quando em 2010 demos os primeiros passos na pesquisa que resultou nesta obra.

À **Tereza Paim**, da Casa de Tereza em Salvador/BA, pelas longas conversas que tivemos sobre o modo de preparo de alguns pratos da culinária de matriz africana.

À **Leila Carreiro**, do Restaurante Dona Mariquita em Salvador/BA, que me presenteou com folhas especiais que fazem parte da cozinha do sagrado e compões receitas desse livro e por seus *pitacos* sobre a comida patrimonial que ela tanto representa.

À **Bel Coelho**, do Restaurante Clandestino, e ao **Babalorixá Rodney de Oxóssi**, por seus textos de colaboração a esta obra. E ao querido fotógrafo **Cristiano Lopes** pelas belas fotografias das receitas sagradas. Muito obrigado, axé!

SUMÁRIO

Prefácio 11
Muitas Oferendas Para os Santos 17
Exu 45
    Farofa de Dendê 47
    Filé com Farofa de Dendê 49
Ogum 53
    Feijoada 55
    Bolinho de Feijoada 59
Oxóssi 63
    Axoxô de Oxóssi 65
    Costela com Espinafre & Camarões Secos ... 67
Omolu 71
    Deburu 73
    Sarapatel 75
    Arroz Negro & Camarões 77
Ossain 79
    Efó 81
    Milho com Carne de Porco 83
Oxumare 87
    Purê de Batata Doce com Mel 89
    Moqueca Baiana 91
Nanã 95
    Canja de Galinha 97

Salada de Repolho & Iogurte..................................99
Oxum 101
  Cocada Baiana 103
  Moqueca de Peixe com Ovos 105
  Bobó de Camarão 109
Obá 113
  Abarás 115
  Xin Xin de Galinha 119
Iyewá 123
  Picadinho de Lombo com Purê de Batata Doce . 125
  Vatapá de Camarão... 129
Iansã 133
  Acarajés 135
Logunedé 137
  Codorna Recheada & Frutas Cristalizadas 139
  Bolinho de Estudante 143
Iemanjá 145
  Pescada com Canjica 147
  Manjar de Coco 151
Xangô 155
  Quiabada.. 157
  Amalá 161
Ibeji 165
  Caruru 167
  Vatapá e Pipoca de Ibeji 169
Oxalá 173
  Acaçá 175
  Arroz Doce 177
  Canjica ao Leite de Coco 179
Tabela Universal de Medidas Gastronômicas 180
Sobre o Autor 184

PREFÁCIO

Nos navios negreiros vieram o dendê e o gosto da pimenta, a culinária ritual dos negros, as comidas dos Orixás.
- Jorge Amado

A mesa está posta. Tem farofa, feijoada, sarapatel, acarajé. Tem também as moquecas, xinxim, caruru e vatapá. E os doces: bolinho de estudante, arroz, canjica. Comida de santo que se come, comida abençoada pelos Orixás, comida que sustenta o corpo, alegra a vida, traz paz ao espírito.

No universo religioso afro-brasileiro, a comida é algo estruturante, indispensável nos rituais e no dia-a-dia. O legado do povo negro em diáspora marca profundamente as civilizações que se construíram nas Américas, sobretudo em países como Brasil,

Cuba, Colômbia, Haiti e tantos outros onde a escravidão cravou com a força da chibata as cicatrizes que deram a esses povos a identidade e o poder da superação.

Uma herança feliz e festiva que encheu de cores as almas tristes e cinzentas dos colonizadores, mas que nos chega como consequência do episódio mais cruel da História da humanidade.

As tradições de matrizes africanas, especialmente as religiões, configuram-se como um verdadeiro patrimônio de sabedoria e valores sem o qual o negro não teria suportado as atrocidades da escravidão. A cultura negra, essencialmente religiosa, é a base da dignidade desse povo e influencia decisivamente a formação da cultura brasileira.

Além dos saberes, o Candomblé nos ofertou sua maior arte: a culinária. Forneceu à cozinha baiana seus temperos e modos de fazer, confundindo-se com a comida secular, mas preservando na essência as cores, os cheiros e sabores que sempre agradaram o paladar exigente dos Orixás. Isso tudo se espalhou pelo Brasil e fez da mesa dos brasileiros uma síntese das misturas.

O costume de oferecer comidas aos Orixás e a própria comunhão entre os filhos de um terreiro e suas divindades, a preparação dos pratos e os preceitos que a envolvem, os ingredientes e receitas, tudo isso já vem instigando pesquisadores de diversas áreas que têm produzido trabalhos importantes, uma bibliografia diversificada que colaborou não só no registro, mas na preservação desse conhecimento.

Entre os nomes que se destacam, Vilson Caetano de Sousa Júnior tem nos mostrado o quanto a Antropologia pode contribuir para a compreensão das comidas de santo e dos hábitos alimentares preservados nos terreiros. Além de todos os significados auferidos pela cultura brasileira, remete-nos a uma herança africana, negra, que insere a culinária no universo do sagrado, no qual os elementos essenciais e vitais para a transmissão do axé são evocados por palavras, rezas, cantigas e histórias guardadas como grandes segredos por iniciados e dignitários.

Entre mim e Vilson Caetano de Sousa Júnior há muito mais do que a troca de saberes da Antropologia ou do Candomblé. Existe uma amizade que já se conta em décadas e que nos proporcionou bons encontros, com relações que se ampliam e trazem novas personagens à trama de nossas vidas.

Por conta dessa velha amizade, recebi do Chef Carlos Ribeiro um convite para um evento no qual conversaríamos sobre as comidas de santo, que já constituem parte fundamental dos hábitos dos brasileiros, embora muitas vezes inseridas e arraigadas no cotidiano das pessoas sem que nem saibam disso.

"Na Cozinha" do Chef Carlos Ribeiro pude provar um delicioso picadinho, que me trouxe referências da culinária do Nordeste, e também o maravilhoso Bolinho de Feijoada, uma explosão de sabores que jaziam em minha memória e que de imediato me levaram às fartas mesas dos terreiros, às festas de Ogum, o Orixá da guerra.

Como bem me ensinou Vilson Caetano de Sousa Júnior, "os Orixás comem o que os homens comem". Sendo assim, nessa junção perfeita da Antropologia com a Gastronomia temos as comidas de santo relidas ou ressignificadas sem que se perca com isso o sentido primordial da oferenda.

De Exu a Oxalá, todas as comidas de santo passam pela mesa do brasileiro em suas receitas originais ou modificadas pelos costumes regionais, mas não deixam de ser uma referência fundamental na alimentação de muita gente que sequer teve oportunidade de visitar um terreiro na vida.

As farofas oferecidas a Exu, com pimenta e dendê, camarões e cebolas, ou aquela carne malpassada. Nossa tradicional feijoada, que alimenta os trabalhadores da estiva, os compadres de Ogum. O milho e fatos bem temperados pra Oxóssi, senhor das matas, Orixá da fartura. Aquele efó de folhas pra Ossain e as pipocas de Omolu. Quem nunca provou?

Batatas-doces, inhames, quiabos, coco, frutas e grãos variados. Ingredientes tão usuais, mas de origem nem sempre reconhecida. Em tempo de apropriações indevidas, em que se tentam vender os acarajés de Iansã como "bolinhos de Jesus", não se pode permitir que as comidas de santo sejam esvaziadas de significados e lançadas num mercado de bens e consumo sem que se atribuam os créditos ao povo que sofreu para preservar esse legado.

Dessa forma, o livro Comida de Santo que se Come vai muito além de um registro de indicações para o preparo dos pratos do Candomblé, o que por si só já seria louvável. Devolve sentido, significado e principalmente origem a muitas receitas da culinária brasileira que tiveram seus usos desvirtuados por processos de apropriação cultural que sempre cumpriram o papel de invisibilizar o povo negro, suas tradições e costumes.

Rodney William Eugênio

Antropólogo, escritor e colunista da Revista Carta Capital. Graduado em Ciências Sociais, mestre em Gerontologia e doutorando em Ciências Sociais pela PUC-SP. Babalorixá do Ilê Obá Ketu Axé Omi Nlá.

Muitas Oferendas Para os Santos

Mas a comida que se dava aos santos era também a comida cotidiana do africano nas suas terras distantes. Só que, naturalmente, quando comia de sacrifício, de oferenda era feita com mais cuidado e requinte. E esse cuidado de outrora, transformado num padrão de fidelidade saudosista, é mantido nos terreiros de candomblés da Bahia, quando comem os santos poderosos dos nagôs e dos jejes, e quando as iguarias rituais são ortodoxamente preparadas, sem substituições de ingredientes, sem acréscimos lusitanos ou indígenas.

- Vivaldo da Costa Lima

Comida de santo, comida de obrigação, comida de orixá, comida sacralizada, comida de preceito, ou simplesmente dieta sacrificial dos terreiros de candomblé é o nome como os "de comer" oferecidos aos ancestrais nas religiões de matriz africana são chamados. Afirma-se nas religiões afro-brasileiras que "tudo come", do chão de onde partem os alicerces, à cumeeira.

Em outras palavras, tudo recebe comidas especiais, preparadas segundo as regras prescritas pela tradição de cada comunidade. Assim, estas comidas estão presentes no momento da sacralização de portas e janelas, cadeiras, instrumentos e objetos pessoais. Todavia, é no "quarto dos santos", diante destes, nos pejis, que estas comidas desempenham uma de suas principais funções dentro deste universo reorganizado no Brasil, a de funcionar como um elo entre a comunidade e a sua ancestralidade.

Nas religiões de matriz africana, a comida é entendida como força, dom, energia presente nos grãos, raízes, folhas e frutos que brotam da terra. A comida é a força que alimenta os ancestrais e ao mesmo tempo o meio através do qual a comunidade alcança o mais alto grau de intimidade com o sagrado através da consumação.

Para o povo de terreiro, informar sobre as iguarias oferecidas aos ancestrais não é o mesmo que falar sobre os de comer cotidianos, chamados também de *"comidas de branco"*. As comidas oferecidas aos santos nos terreiro são sempre particulares a uma determinada casa, embora se possam observar certas coerências entre elas. Receitas pela metade, pratos sem nomes, queixas e justificativas somam-se a recriações, a todo instante, no fogão dominado pela *iabassê*, verdadeira *sacerdotisa da comida sagrada*.

Dizer as coisas que o santo de uma determinada casa come é como revelar uma particularidade. Desta maneira, quando interrogados, a ausência de alguns pratos ou a sua presença sem informações sobre o nome, ou ainda breves descrições, ao lado de silêncios e lapsos de memória, antes de ilustrarem um desconhecimento, buscam na verdade proteger um saber especial, guardado pelos mais antigos na religião, a que só poucos têm acesso. Bastante impressionante o que certa vez ouvi de uma ialorixá: "a iabassê é aquela que muito faz e pouco fala".

O não falar certas coisas do santo só pode ser entendido a partir do contexto onde a oralidade constitui um dos veículos mais fortes de transmissão do conhecimento.

São os chamados fuxicos de santo, ensinamentos rituais na maioria das vezes balbuciados no ouvido de alguns iniciados em palavras rituais ou fórmulas incompletas.

Nas cozinhas dos terreiros, grãos, raízes, folhas, frutos, hortaliças, carnes e bebidas recebem tratamento especial, e através das palavras de encantamento transformam-se em verdadeiros corpos ancestrais que devem ser consumidos pelas comunidades. Isso lhes distinguem das comidas que podemos encontrar nas cozinhas regionais, internacionais e contemporâneas, "embora alguns ingredientes possam parecer os mesmos."

É nas religiões afro-brasileiras espalhadas por todo país que estes modos de cozinhar e técnicas de preparo mais têm resistido às "novidades" por apresentarem-se como verdadeiros dogmas e padrões de "fidelidade aos antigos", chamados de "fundamentos." Isso não significa que elas estejam imunes a mudanças, pelo contrário, algumas cozinhas de santo tem se modificado nos últimos anos. Modificações que vão desde a substituição de ingredientes, a utilização de eletrodomésticos, à incorporação de produtos oferecidos pela indústria de alimentos, à adoção dos congelados e até mesmo a transformação dessa comida sagrada num *fast food*.

O conhecimento dessa culinária sagrada está sob a responsabilidade de mulheres que acumularam durante o tempo de suas vidas, experiências. Mulheres destacadas pela responsabilidade, liderança e determinação, mas também discrição em suas comunidades. A estas cabem a obrigação de elaborar e apresentar a comida aos ancestrais.

Das muitas denominações que podem ser encontradas nas religiões de matriz africana, o termo iorubá *iabassé* foi o mais popularizado. Tal palavra significa literalmente, "a velha que cozinha". Estas mulheres que já foram chamadas de "fadas do azeite" cumprem mais do que a função de cozinheiras. São mantenedoras de um arsenal de conhecimento passado de geração a geração que veem ao longo do tempo sacralizando a comida.

Nas religiões de matriz africanas há comidas provenientes dos sacrifícios, chamadas *comida de ejé* e as *comidas secas*, aquelas feitas à base de cereais, tubérculos, leguminosas, folhas e frutos. *Ejé* na língua iorubá significa sangue. A expressão *comida de ejé* se refere àquelas oriundas dos animais oferecidos aos ancestrais, tema que nos últimos anos tem voltado ao centro de algumas discussões.

Os santos comem carne de bovinos, caprinos, ovinos, suínos, peixes e aves. Dentre estas se destaca a *Numida Maleagris Aegiptius,* popularmente chamada *galinha da angola, pintada, guiné, picota, tô fraco,* sacué, etc. Um estudo sobre a galinha da Angola - em iorubá *etu* ou *coquém* -, seu papel e significado nos cultos afro-brasileiros foi realizado por Arno Vogel e José Flávio e é um trabalho que vale a pena ser revisitado.

Durante o sacrifício, ritual chamado "matança", termo que com o passar do tempo vai sendo substituído pela expressão ioruba, *orô*, os animais votivos são transformados nas próprias divindades.

O animal deve estar perfeito, sem um defeito, sem uma marca, até a falta de uma das penas nas asas das aves é motivo para ela não seguir para o sacrifício. Estes fatos são atentamente observados pelos *ogans*, pois nada escapa do olhar do *axogun*, nome que se popularizou, e designa "o *homem que possui a faca*", aquele que preside as oferendas sacrificiais dos animais votivos e que por isso não podem ser maltratados. Durante este complexo e elaborado ritual, na maioria das vezes, ele próprio ou os sacerdotes evocam as cantigas de oferecimento que tem a função de *encantar* o animal a fim de que ele não sinta dor. Há mesmo animais que não podem ver o seu sacrifício.

Na cozinha ritual, as partes destes animais vão ser classificadas ou separadas. As pontas e "tudo de dentro", chamado nos candomblés de influência jeje nagô de *ixé*, algumas vezes o peito e o dorso das aves são reservadas aos santos e servidas a estes em forma de *xinxim*. A expressão *xinxim* na cozinha dos santos aparece como um modo de fazer. É uma espécie de guisado com cebola, camarão e azeite de dendê. Algumas vísceras como as tripas passam também por uma preparação. São tratadas, isso é, "viradas" e lavadas, atividade que vem desaparecendo. Depois de limpas, transforma-se no *mininico se for de ovinos; cabidela se for* de aves e *sarapatel*, se for de suíno, ou simplesmente recebem o nome iorubá, ao menos nas casas que receberam esta influência, de *eran pantere*. Há partes dos animais que são desidratadas através do moquém. Estas são oferecidas durante vários dias aos santos. Tirada a parte dos santos, o restante é consumido pela comunidade e servido aos visitantes nos dias de festas. No tambor de mina, designação das religiões afro-brasileiras no Maranhão (FERRETTI, 201, p. 253) algumas partes dos animais votivos são assadas.

> As comidas secas acompanham as comidas de origem animal, mas há ocasiões especiais em que as primeiras

"substituem" ou desempenham a função das segundas com a mesma "força".

Embora se torne cada vez mais difícil listar os ingredientes utilizados pelas cozinhas rituais, frente ao acelerado processo de mudança e intervenções na comida votiva, ocasionado ora pela modificação de algumas delas, ora pela adoção de produtos oriundos da indústria de alimentos, ainda podemos dizer que dos cereais, o arroz (Oryza sativa) e os milhos (Zea mays) e, dentre eles, o milho de pipoca (Zea mays everta) são os mais usados. Das leguminosas, os feijões (Phaseolos) de várias cores e tipos: feijão preto (Phaseolos vulgaris), feijão fradinho (Vigna ungiculata) e a fava (Vicia faba), continuam sendo base de algumas comidas. Dos tubérculos, a mandioca (Manihot esculenta), o inhame (Colocasia esculenta) e a batata doce (Ipomoea batatas) tem a preferência dos santos. Dentre as oleaginosas destaca-se o amendoim (Arachis hypogaea L), mas FERRETTI

(2009) dá noticias do uso de gergelim (Sesamum indicum) na comida de alguns voduns da Casa das Minas no Maranhão. Dos frutos, destacam-se o quiabo (Hibiscus esculentus), o coco (Cocus nucifera L) e a banana da terra (Musa sapientum), embora tenha presenciado uma comida feita com jiló (Solanum gilo), e outra com abacate (Parsea Americana L). Das rizoma, a gengibre (Zingiber officinalis) tem lugar especial. Dos bulbos, a cebola (Allium cepa L) se destaca na cozinha dos santos. Das cucurbitáceas, a abóbora (Cucúrbita moschata) e o pepino (Cucumis sativus. L),mesmo em menor escala se fazem presentes. Das folhas, a taioba (*Xanthosoma sagittifolium L*), a língua de vaca (*Talinum crassifolium*), a mostarda (*Sinapsis alba*), o agrião (*Nasturtium officinale*), o alface (*Lactuca sativa*) mas recentemente, também o coentro (*Coriandrum sativum*), nas religiões afro da região norte, o couve (*Brassica oleracea L*), a vinagreira (*Hibiscus sabdariffa*)e o tabaco (Nicotiana tabacum L) constituem ingredientes especiais para o preparo de alguns pratos ou as vezes são utilizados para "enfeitar" a comida.

Dentre estes ingredientes, papel especial cumpre a pimenta, nossa *Capsicum americana*. Ela, ao lado de outras pimentas ainda importadas do Continente Africano, é utilizada com cuidado e a sua administração é cheia de restrições. Na cozinha dos santos nagôs, jejes e angolas, pimenta é entendida como tudo que é picante, ou ainda como tudo que faz arder. Pimenta é ainda comida dos "santos quentes", aqueles que recebem azeite de dendê.

As pimentas servem para "esquentar", daí seu uso ser cercado de cuidados.

O azeite de dendê, também chamado de óleo de palma ou, como no tempo de Manuel Querino (2006), azeite de cheiro ocupa lugar especial na cozinha das religiões afro-brasileiras. Raul Lody (1992) no trabalho intitulado: *Tem dendê, tem axé*, além de uma etnografia do dendezeiro (*Elaeis guineensis*) chama a atenção para aspectos simbólicos da palmeira e demonstra sua importância nas comunidades terreiros.

Para Edison Carneiro (1964, p. 72) os primeiros frutos desta planta teriam vindo da Costa da Mina. *"Era dos melhores o óleo que se adquiria no porto de Lagos, escoadouro da maior produção mundial, a atual Nigéria. Até o primeiro quartel deste século, o óleo era chamado universalmente de azeite de cheiro"*. Vilhena (1798, p. 54) inclui a importação do azeite de cheiro da Costa da Mina e da Ilha de São Tomé, desta ultima, em menor quantidade para a Bahia do século XIX.

Segundo Pierre Verger (1987, p.407), após decretada a ilegalidade do tráfico de escravos ao norte do Equador, os navios só podiam transitar naquela região portando um passaporte que os autorizava a comercializar na Costa da Mina: marfim, ouro, óleo de dendê e tecidos. Estes passaportes emitidos serviam como método para o tráfico clandestino, facilitando aos navios, o tráfico de escravos nesta região. A fim de fugirem da cruzada britânica, os comerciantes da Bahia passaram a fazer uso de dois passaportes cujo uso só foi analisado em 1830 após a abolição completa do trafico de escravos.

> *Para desarticular esta nova medida, aplicada sob iniciativa dos britânicos pela corte mista de Serra Leoa, os negociantes da Bahia tomavam uma medida de proteção, fornecendo a seus vasos dois passaportes: um que levava o nome verdadeiro do vaso para ir fazer o trafico lícito de escravos ao sul do Equador e outro, o nome de um outro vaso, pertencendo geralmente ao mesmo proprietário para fazer o comércio de produtos africanos tais como o óleo de dendê, ouro, marfim e tecidos na Costa da Mina, ao norte do Equador, este segundo vaso ficava na Bahia.*

Os navios autorizados a fazerem o tráfico no sul do Equador, levavam também o passaporte que autorizava o tráfico de produtos africanos. Estes navios se dirigiam até a baia de Benin e apareciam sob um falso nome, traficando assim, escravos. Chegando ao fim o tráfico, diz Verger (1987, p. 562), os brasileiros estabelecidos na costa passaram a consagrar parte de suas atividades ao comércio do azeite-de-dendê.

Antônio Carreira (Vianna, 1988, p. 59), analisando documentos de 1756 à 1788 sobre *As companhias Pombalinas de Navegações, Comércio e Tráfico de Escravos entre a Costa da África e o Nordeste Brasileiro* chama a atenção que o azeite de dendê entrava como produto exigido pelo consumo dos escravos. Verdade é que, no século XIX, a palmeira já tinha se aclimatado ao Brasil (Carneiro, 1964, p. 73) tornando-se sinônimo de gosto, segundo Cascudo. A palmeira cujos frutos recebem nomes variados de acordo com a região da África como: *Dendém*, na região de Angola; *Ade-Koi* e *Adersan*, na Costa do Marfim; *Abobobe*, em Gana; *De-yayá, De-Kla, De-ghakun, Votchi, Fade* e *Kissede* no Benin; Di-bope, Lissombe, na República dos Camarões (Carneiro, 1964, p. 73), no Brasil continuou sendo um dos componentes essenciais da culinária dos ancestrais.

No seu tempo, o professor de grego Vilhena, informou sobre a importação do azeite de cheiro ao se ocupar das plantas que deveriam ser cultivadas no engenho, além da cultura da cana e do tabaco, referindo-se ao dendezeiro já aclimatado no Brasil, apontando sua preferência e popularidade, bem como indicando um novo tipo de beneficiamento:

> *Devera igualmente haver dendezeiros, sem que jamais consentisse cortá-los, proibindo os escravos o vender os cascos mais sim trazê-los para casa e extrais deles o azeite, tempero essencial da maior parte das viandas dos Pretos e ainda dos Brancos, criados com eles.* (VILHENA, 1902, p. 190).

Na cozinha ritual dos terreiros, há santos que "pegam dendê" e outros que "não pegam." As comidas que recebem dendê são chamadas "comidas quentes" e as outras, "comidas frias" e estas últimas são chamadas também em alguns terreiros de "comidas brancas." Os Orixás que recebem comidas brancas são aqueles ligados à criação e associados aos primeiros grupos humanos que saíram para povoar a terra, como Oxalá.

> É dizer corrente nos terreiros que onde tem dendê tem fogo.
> No dia a dia é comum ouvir a expressão: aí tem dendê...
> Dendê é, assim, sinônimo de muita coisa que ainda não foi dita, vista, guardada.

Geralmente, as comida rituais após cozidas são temperadas em seguida: temperar a comida em alguns candomblés da Bahia, por exemplo, é colocar o *bambá* e deixá-la pegar o gosto no fogo. O bambá é feito com cebola ralada, ou batida, e camarões secos triturados e fritos no azeite de dendê - também chamado de "tempero de santo." Já encontrei em algumas comunidades a expressão "cocada puxa", se referindo ao mesmo tempero. Certamente pela cor marrom que adquire ao atingir o "ponto", à semelhança de um dos doces de tabuleiro mais antigos inventado pelos africanos no Brasil, feito misturando a rapadura ao coco ralado, batizado com o nome de cocada puxa - um tipo de doce de textura mais maleável, diferente das rígidas cocadas tradicionais. Daí a expressão "puxa". Há, todavia, casos em que é acrescentada a gengibre.

O sal é outro ingrediente utilizado de forma moderada na cozinha ritual onde se mantém a expressão: "sal para batizar", ilustrando o cuidado que deve se ter com o cloreto de sódio. Orixá não come salgado. O sal deve estar na medida e há aqueles que "não pegam" sal em suas comidas.

O azeite de oliva, também chamado *azeite doce* também pode entrar como "tempero" em alguns pratos ou em ocasiões especiais. Em alguns momentos, comidas de santos quentes podem receber o azeite de oliva para equilibrar a comida. Aí se fala que aquela comida não é nem quente (pegou azeite de dendê) nem fria (não pegou azeite de dendê), mas *meji* (e*ji* na língua iorubá é o número dois e com o sufixo M torna-se verbo *dividir* e o adjetivo *dividido*). Na cozinha ritual quando o santo pede uma comida *meji*, significa que naquela ocasião quer a sua iguaria com azeite de dendê e óleo de oliva. Em certos dias da semana, quando não se é permitido tocar o azeite de dendê, este é substituído pelo azeite doce.

As bebidas cumprem vital importância ao lado das comidas de santo nos terreiros. A água é a bebida que acompanha todas as comidas. O vinho extraído do dendezeiro caiu desde cedo em desuso no Brasil, ou ao menos não se popularizou, embora Manuel Querino tenha informado sobre a presença deste no seu tempo. Talvez a presença deste vinho de palma seja mantida em algumas casas através da utilização do vinho licoroso e doce que alguns santos "pegam", como se diz nos terreiros. Há bebidas como o aguardente de cana, o gin e o whisky, que são consideradas quentes. Os espumantes são reservados às ocasiões especiais. A cerveja é outra bebida que ganhou popularidade, sem falar nos refrigerantes.

Estas bebidas alternam-se nos terreiros, com bebidas fermentadas, dentre elas, a mais conhecida: o aluá ou aruá, que pode ser feito de milho, abacaxi ou gengibre colocados para descansar em água com rapadura durante alguns dias. Correia (1992, p. 197) fala em uma bebida chamada *atã*, servida no Batuque do Rio Grande do Sul para os orixás. O *atã* é um caldo de limão com água, como uma salada de frutas que pode ser misturada com xarope de framboesa.

Há ainda os mingaus como o chamado mungunzá, mingau de carimã, o mingau de tapioca, o arroz doce de beber e até mesmo o dengué. O mungunzá é uma bebida feita de milho branco cozido, temperado com leite de coco, açúcar e um pouco de sal. Carimã é a massa fermentada da mandioca após deixá-la de molho na água, de três a sete dias. Ela recebe também o nome de puba. O mingau de carimã é feito após a massa ser lavada, acrescida leite de coco e açúcar e levada ao fogo para engrossar. Para se fazer o arroz doce de beber, cozinha-se o arroz bem cozido, depois se acrescenta leite de coco, açúcar e um pouco de sal para equilibrar o doce, como se diz. O dengué é um mingau feito de milho branco cozido.

Há, ainda, na cozinha sacrificial, bebidas sobre as quais não se fala. Estas geralmente são feitas na hora, como alguns chás e beberagens. Como as comidas votivas, certas bebidas inserem-se no mistério do mundo do segredo, mantidas como "coisas de fundamento" que encerram as "leis dos santos".

Na cozinha sagrada é possível ainda observar técnicas que vão desde o flambar a comida (atear fogo), saltear, branquear, até cozinhar no vapor. Há ainda comidas que os homens e os santos não podem comer e na maioria das vezes, os primeiros não as consomem por causa dos segundos ou porque encontram nos segundos a explicação.

Estas comidas são chamadas de *quizilas,* expressão bantu definida por Querino (1988, p.49) como "a antipatia supersticiosa que os africanos nutrem por certos alimentos". Mesmo significado possui a palavra iorubá *euó*, tão popular quanto a primeira. Ela diz respeito às coisas proibidas, no caso das comidas rituais, aquilo que os santos não podem comer e consequentemente os seus filhos. Há interdições menos abrangentes, associadas a uma determinada comunidade ou a pessoa, mas há também aquelas que "acompanha a maioria do povo de santo".

Dos crustáceos, o caranguejo evita-se até pronunciar o nome; dentre os peixes, estão os que não possuem escamas, ou como se diz, os "peixes de couro". Todavia, uma ressalva deve ser feita no caso da Casa das Minas no Maranhão. Segundo Ferretti (2011, p.253) *"nas obrigações só se come peixe de couro, sem escamas"*. Dos répteis, as cobras; dentre as leguminosas, o feijão branco. Dentre as folhas, a taioba (*Xanthosoma sagittifolium*). Outros cuidados associados ao comer também são observados como não quebrar os ossos dos animais enquanto se come; não deixar restos de comida e nem permitir que outras pessoas retirem comida do prato.

> Evitar comer o que é *euó* ou *quizila* "porque faz mal" faz parte de uma medicina preventiva observada nas religiões afro-brasileiras.

Retomando o estudo classificatório das comidas rituais realizado por nós no livro *"Banquete Sagrado, notas sobre os de comer em terreiros de candomblé"*, lançado em 2009, os ancestrais ligados aos primeiros grupos humanos, associados aos primórdios da humanidade recebem comidas menos elaboradas ou mais simples como cereais e tubérculos cozidos transformados em massas, papas ou farinhas. Aqueles que estão ligados a momentos de passagens, rupturas, às migrações, a exemplo dos caçadores, comem muito rápido, na linguagem do povo santo, "às presas", refletindo a instabilidade da fixação do grupo no solo, os sucessivos deslocamentos sobre a terra, as resistências e dificuldades encontradas, o esforço para expandir as fronteiras de sua civilização. Geralmente recebem carnes, frutos, cereais e tubérculos "mal assados", torradas ou mesmo crus, regados simplesmente com o azeite de cheiro. Por fim há ainda comidas mais elaboradas, "que pegam mais tempero", e geralmente são regadas com muito azeite de dendê e são as que os filhos de santo dedicam mais tempo para fazer. Um bom exemplo destas são as comidas fritas dedicadas aos ancestrais ligados aos grandes reinos africanos, representantes das principais dinastias.

Ao longo do tempo, alguns sacerdotes pela relação de amizade e cordialidade ditaram ou simplesmente enviaram informações, mesmo sucintas, que às vezes resumiam-se a pequenas listas, sobre os "de comer dos orixás" a intelectuais e pesquisadores da cultura afro-brasileira. Exemplo disso foi um trabalho escrito em 1935 por três sacerdotes pernambucanos - Oscar Almeida, Apolinário Gomes e a Ialorixá Santa - enviados ao I Congresso Afro-brasileiro (LIMA, 2010, p. 55) que os organizadores do Congresso chamou de "Receitas de Quitutes Afro-brasileiros". Outro exemplo é a lista de vinte e cinco "qualidades de comidas africanas" enviadas ao professor Edison Carneiro e aos organizadores do II Congresso Afro brasileiro realizado em Salvador em 1937 por Eugênia Anna dos Santos, Mãe Aninha, fundadora do Ilê Axé Opô Afonjá (LIMA, 2010, p. 56).

Texto mais abrangente é o trabalho de José Ribeiro de Souza, *"Comidas de Santo e Oferendas"*, que já possui mais de dez edições. O livro proibido para não iniciados, segundo seu próprio autor, teria sido elaborado para orientar *"todos os chefes de terreiros que labutam diariamente com os orixás"*. Nele, Ribeiro traz informações sobre o sacrifício ritual, lista utensílios que devem compor a cozinha de santo, a forma como as comidas devem ser preparadas e o ritual que antecede seu oferecimento no quarto dos santos. *"Comidas de santo e oferendas"* traz um capítulo especial para cada orixá e conclui descrevendo as principais cerimônias dos terreiros.

Trabalhos como o de Maria Helena Farelli e de Nilza Paes da Silva, publicados pela Editora Pallas no Rio de Janeiro, sob o título *"Comida de Santo"* e a obra de João Varella, intitulada *"Cozinha de Santo"*, já na sua 7º edição publicado pela Editora Espiritualidade, são apenas exemplos de uma vasta literatura, muito bem difundida, escrita por sacerdotes consultada por um grande número de pessoas, não somente curiosos, mas na sua maioria interessados por este rico patrimônio culinário ritual estabelecido a partir de uma matriz afro-brasileira. E como não mencionar *"Acaçá: onde tudo começou"* dos babalorixás Cido de Oxun e Rodney de Oxóssi, publicado pela Editora Melhoramento no ano de 2002? Todavia, é o trabalho da Ialorixá Olga do Alaketu, *"Comida de santo numa casa de Queto da Bahia"*, anotado pelo professor Vivaldo da Costa Lima e lançado pela Corrupio em 2010, que mais representa *"as coisas que podem ser ditas e sabidas porque o que tem força mesmo é o fundamento"*.

Mesmo sabendo que a cozinha ritual segue ritmos variados, estando diretamente relacionada a uma determinada comunidade, ainda é possível encontrar certa coerência na elaboração da dieta sagrada dos santos porque ela está fundamentada em mitos, histórias e visões de mundo constantemente reconstruídas e atualizadas por cada modelo afro-religioso reconstruída no Brasil. Assim, o mergulho nos "de comer dos santos" nos permitirá produzir comidas mais saborosas e cheias de histórias.

Se for verdade que "*os santos comem o que os homens comem, porém com mais cuidado e requinte*", essa comida sagrada pode continuar inspirando outras comidas para os homens. Este é, pois, o objetivo deste trabalho: não ensinar o leitor a fazer "comidas de santo", mas inspirá-lo a fazer comidas a partir da dieta sagrada.

Vilson Caetano de Sousa Júnior

Pós Doutor em Antropologia pela UNESP.

Professor da Universidade Federal da Bahia.

Pesquisador em Antropologia das Populações Afro-brasileiras e Alimentação e Cultura.

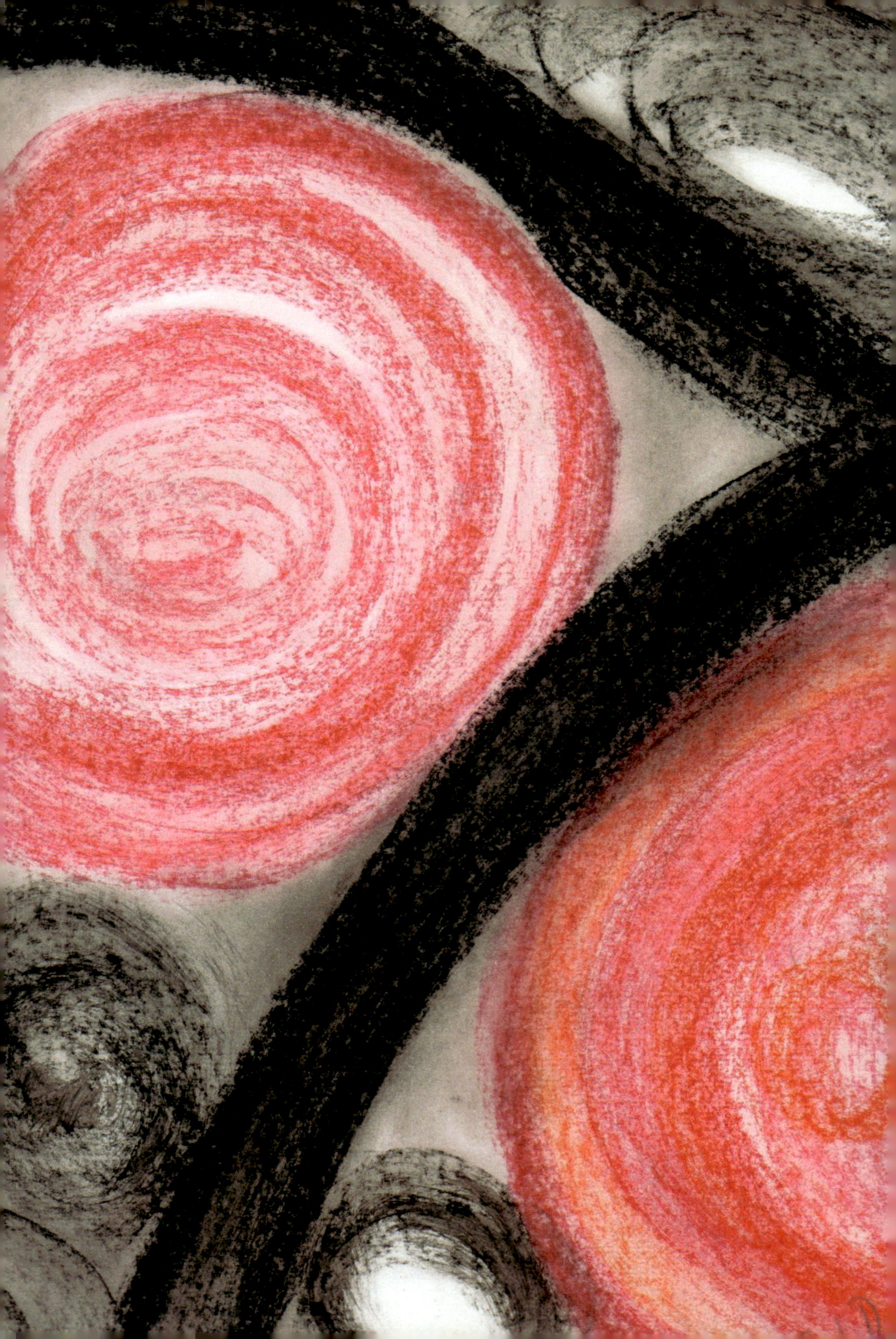

EXU

O mensageiro, daí poder ser encontrado na encruzilhada, local de onde partem vários caminhos. É o dono do mercado, do azeite de dendê e traz uma faca escondida nos cabelos. Exu come tudo o que a boca come e com pimenta. Tem suas comidas prediletas, mas come as dos outros.

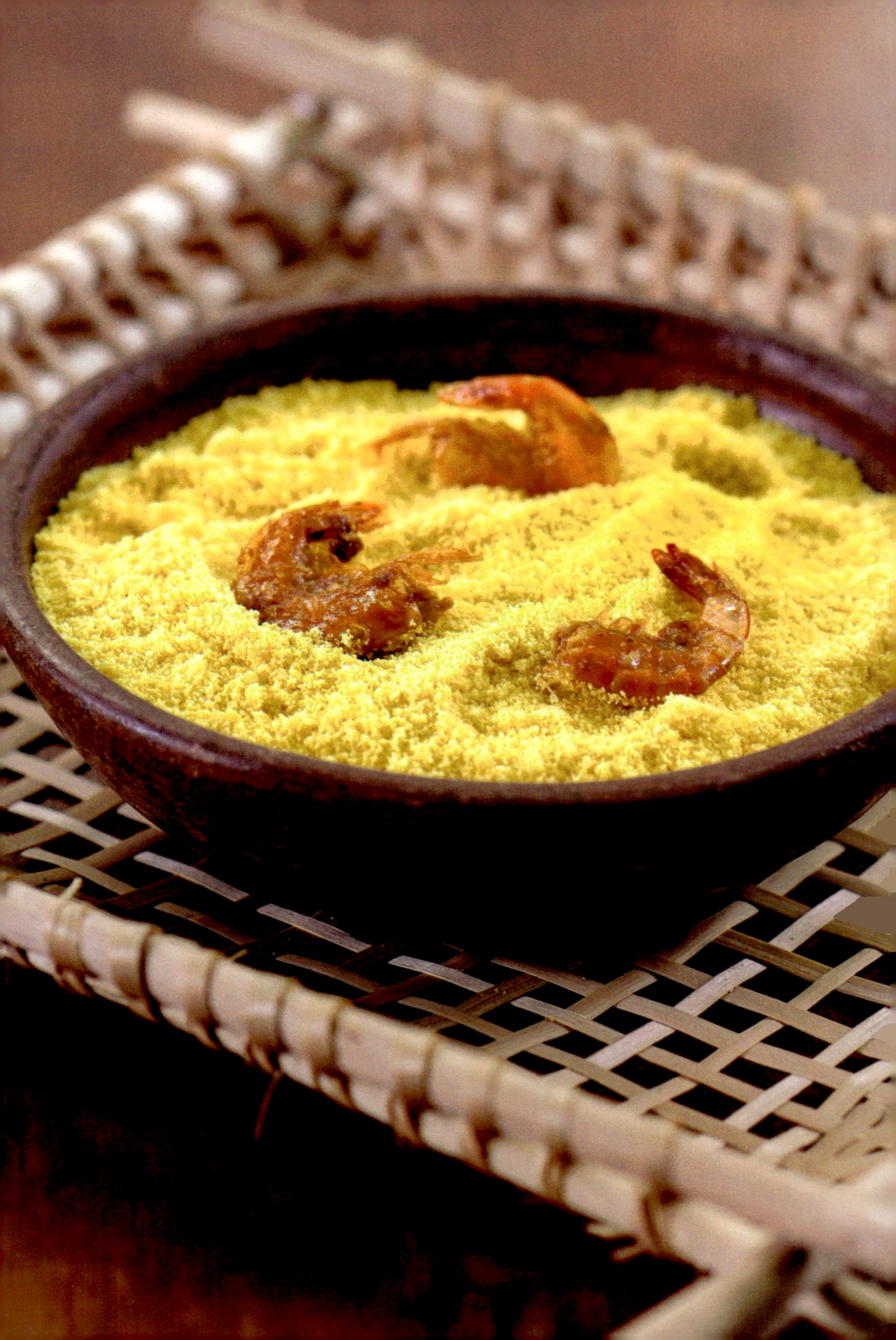

FAROFA DE DENDÊ

Rendimento: 6 porções
Tempo de Preparo: 30 minutos

Ingredientes

10 colheres (sopa) de azeite de dendê
1 cebola picada
250g de farinha de mandioca

Modo de Preparo

Em uma frigideira, coloque o azeite de dendê e refogue a cebola por 5 minutos em fogo baixo. Desligue e adicione a farinha, misturando bem, para que pegue o dourado do azeite de dendê. Deixe esfriar e armazene em recipientes de vidro. Mantenha em lugar seco.

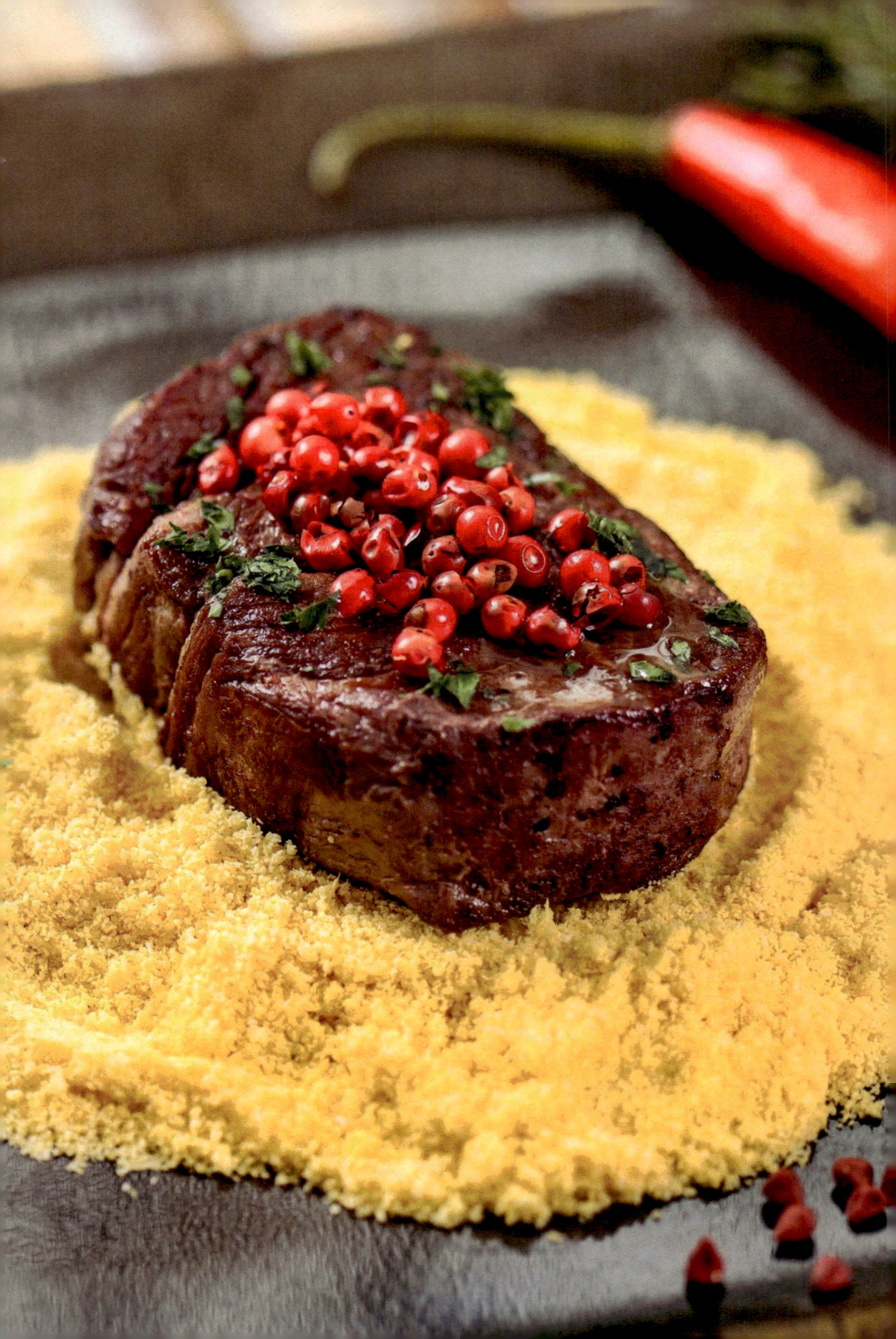

Filé com Farofa de Dendê

Rendimento: 6 porções
Tempo de Preparo: 50 minutos

Ingredientes

Para o filé

Sal e pimenta a gosto

1kg de filé mignon

6 colheres (sopa) de azeite de oliva

Para a farofa

10 colheres (sopa) de azeite de dendê

1 cebola pequena picada

150g de farinha de mandioca

Modo de Preparo

Tempere os filés com sal e pimenta-do-reino e reserve. Em uma frigideira, coloque o azeite, deixe aquecer bem e coloque os filés, um por um, deixando em média 3 minutos de cada lado, até que fiquem bem dourados. Com esse tempo de cozimento ele ficará ao ponto. Em outra frigideira, coloque o azeite de dendê, refogue a cebola por uns 5 minutos em fogo baixo, desligue o fogo e adicione a farinha, misturando bem, para que pegue o dourado do azeite de dendê. Deixe esfriar e pode armazenar em recipientes de vidro, manter em lugar seco. Sirva com o filé.

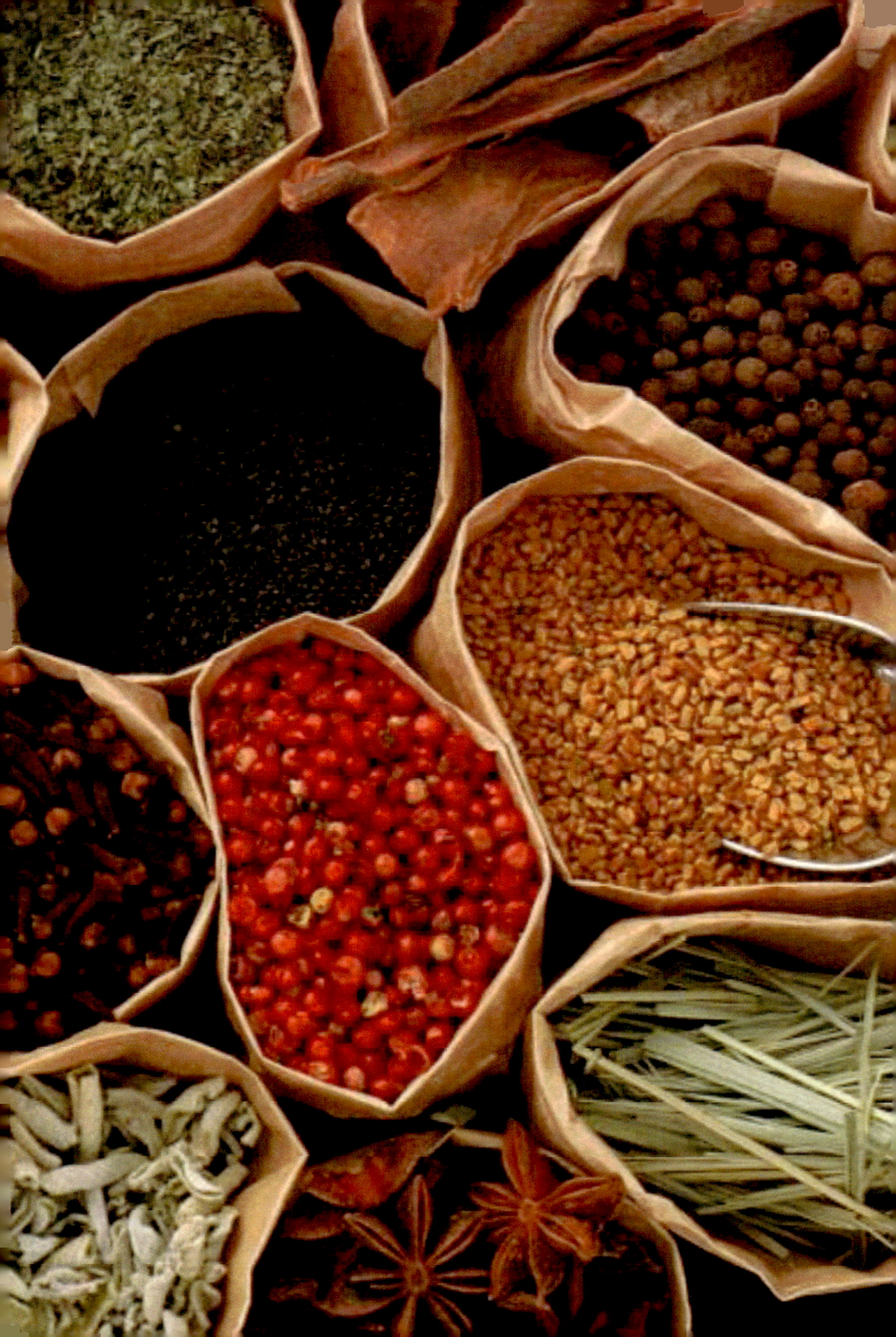

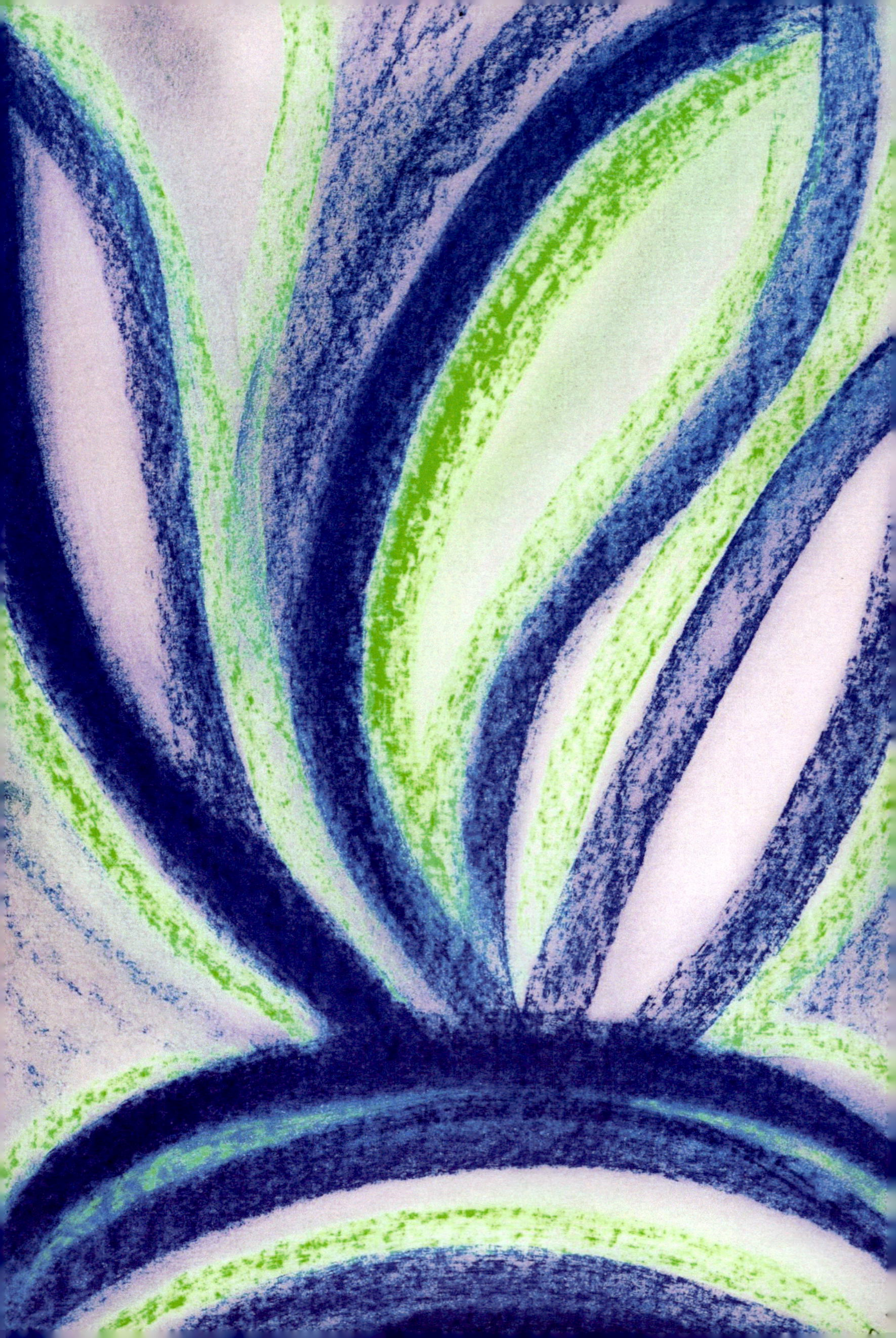

OGUM

É o principio da civilização.
Associado ao ferro, representa
o momento que a humanidade
começou a dominar o fogo,
passou a comer junto e fundir
os instrumentos que passariam
a penetrar na terra e fazer
incisões nos corpos,
inventando, assim, a medicina

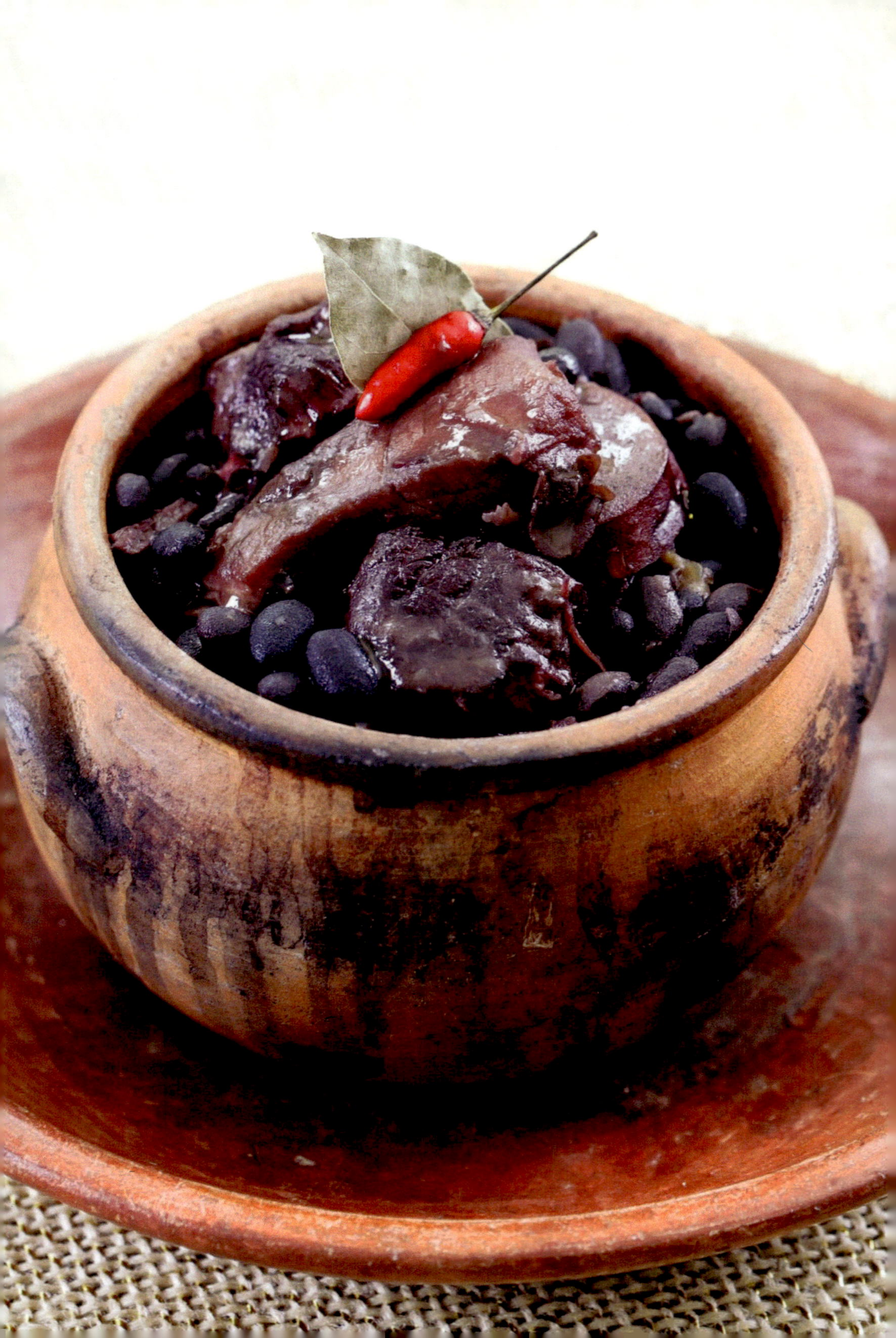

FEIJOADA

Rendimento: 25 porções
Tempo de Dessalgue: 12 horas
Tempo de Preparo: 04 horas

Ingredientes

400g de carne seca
400g de costela de porco defumada
1 pé de porco e 1 rabinho de porco salgados
1kg de feijão preto de boa qualidade
1 limão
4 folhas de louro
250g de linguiça calabresa
300g de lombo suíno
2 paios
100g de bacon
400g de cebola bem picada
200g de alho picado
1 xícara (chá) de óleo
Laranjas para servir
12 doses de aguardente

Modo de Preparo

Limpe bem as carnes salgadas, retirando o excesso de gorduras e nervuras, limpando os pelos e colocando-as de molho em água por 24 horas. Troque a água de três a quatro vezes durante este período. Após o molho, ferva as carnes salgadas em peças inteiras durante mais ou menos 20 minutos, em fogo forte, jogando a água fora. Ferva o pé e os rabinhos separadamente, colocando o limão cortado em quatro pedaços na água da fervura. Cozinhe o feijão junto com as folhas de louro e uma laranja, com casca e inteira. Quando começar a ferver, vá acrescentando as carnes na seguinte ordem: carne seca, pé e orelha; 30 minutos depois coloque a linguiça, os rabinhos e a costela. Após mais 30 minutos, coloque o lombo, o paio e o bacon, cuidando para tirar e jogar fora, durante todo o cozimento, a gordura que for subindo à superfície da água. Acrescente água quente sempre que necessário, tendo o cuidado de manter as carnes sempre cobertas pelo caldo. Quando os grãos estiverem macios, retire a laranja. Doure bem a cebola e o alho no óleo previamente aquecido em uma frigideira e coloque na panela do cozimento.

Após 2 horas, comece a testar o grau de cozimento das carnes com o garfo, pois nem todas chegam ao grau de maciez ao mesmo tempo, retirando e reservando as que já estiverem no ponto. Retire duas conchas cheias de grãos e amasse com o garfo até obter uma pasta. Misture com a feijoada e abaixe o fogo. Quando todas as carnes e o feijão estiverem no ponto, retire e corte as carnes em pedaços pequenos para servir, voltando para a panela com o feijão e cozinhando por mais 10 a 15 minutos em fogo brando. Faça um caldinho usando a aguardente e seis conchas do caldo coado da feijoada, meio ralo.

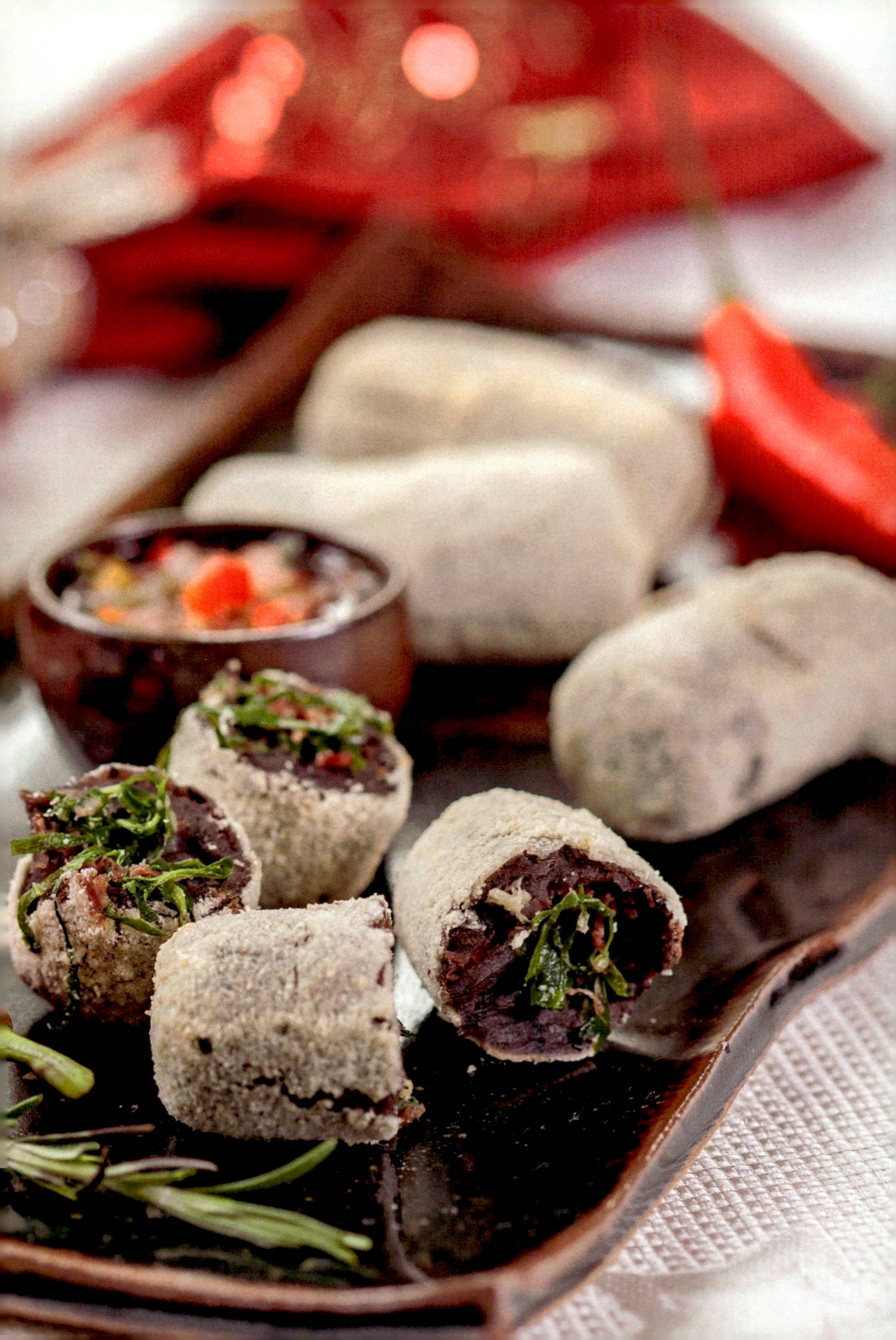

BOLINHO DE FEIJOADA

Rendimento: 60 unidades
Tempo de Preparo: 1 hora e 20 minutos

Ingredientes

Para a massa

250g de feijão-preto
1 cebola bem picada
4 dentes de alho
100g de bacon triturado
100g de paio triturado
2 folhas de louro
1 litro de água
Sal a gosto
1 pimenta dedo-de-moça
100g de manteiga
1kg de farinha de trigo

Para o recheio

500g de carne-seca
Manteiga com sal
1 maço de couve
Farinha de mandioca
Óleo para fritar

Modo de Preparo

Massa

Na panela de pressão, cozinhe todos os ingredientes, exceto a farinha de trigo e a manteiga, por 30 minutos. Depois, triture a mistura no processador. Leve ao fogo com a manteiga e vá acrescentando a farinha, aos poucos, mexendo sempre até atingir o ponto.

Recheio

Cozinhe a carne-seca em panela de pressão, somente com água, por cerca de 30 minutos. Desfie e refogue-a na manteiga. Refogue a couve no azeite.

Bolinho

Com a massa, molde bolinhos pequenos. Abra espaço para colocar o recheio de carne-seca e couve. Feche cada bolinho cuidadosamente. Em uma assadeira, coloque farinha de mandioca suficiente para empanar os bolinhos. Encha uma vasilha com água e, nela, mergulhe-os rapidamente. Depois, passe-os pela farinha de mandioca. Frite-os e sirva-os bem quentes com molho de pimenta caseiro.

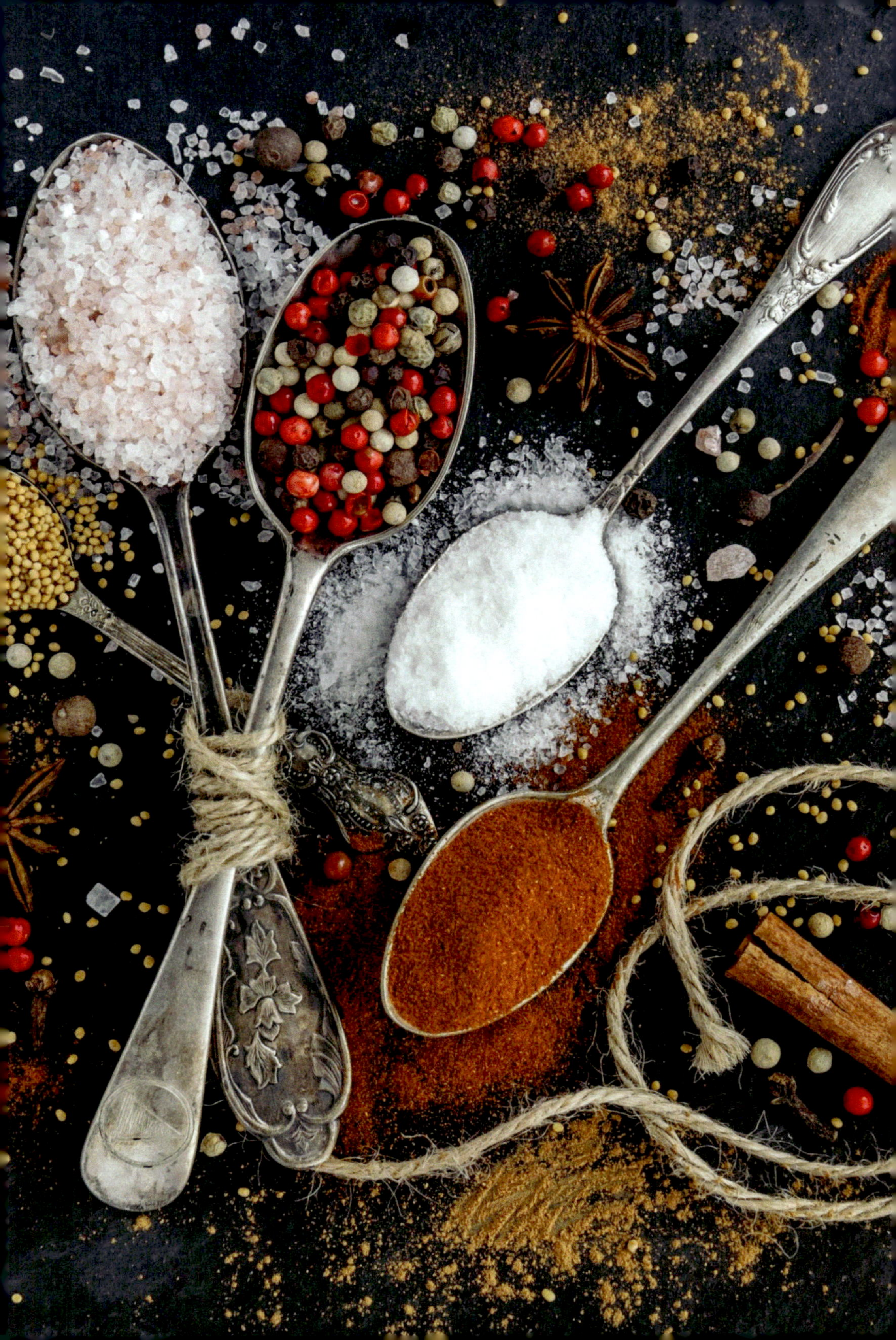

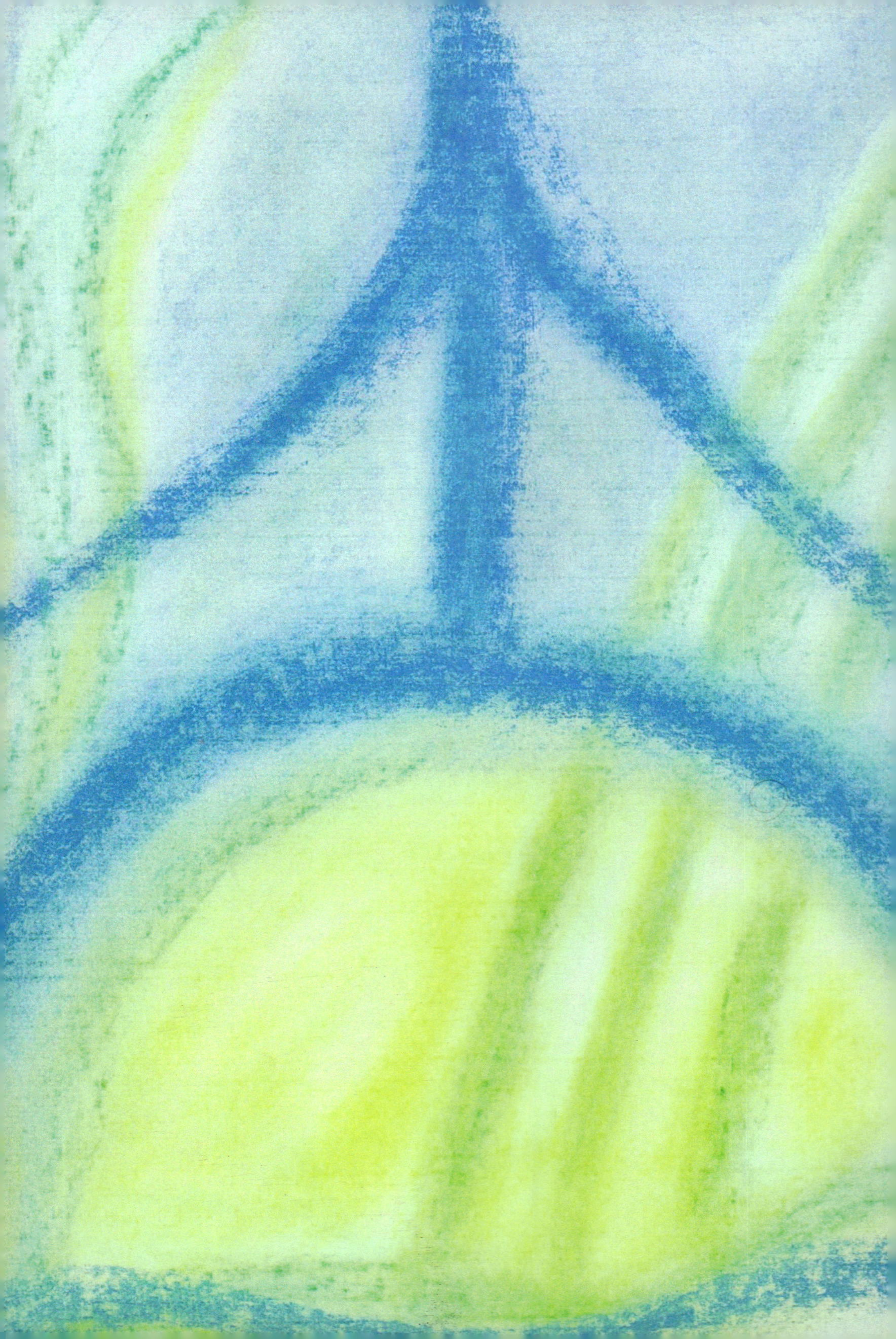

OXÓSSI

Representa as migrações dos grupos humanos sobre a terra. Fala-se que é irmão de Ogun, representando as grandes caçadas, o colher dos cereais, as atividades pecuárias, mas também a fixação do grupo num só local de moradia.

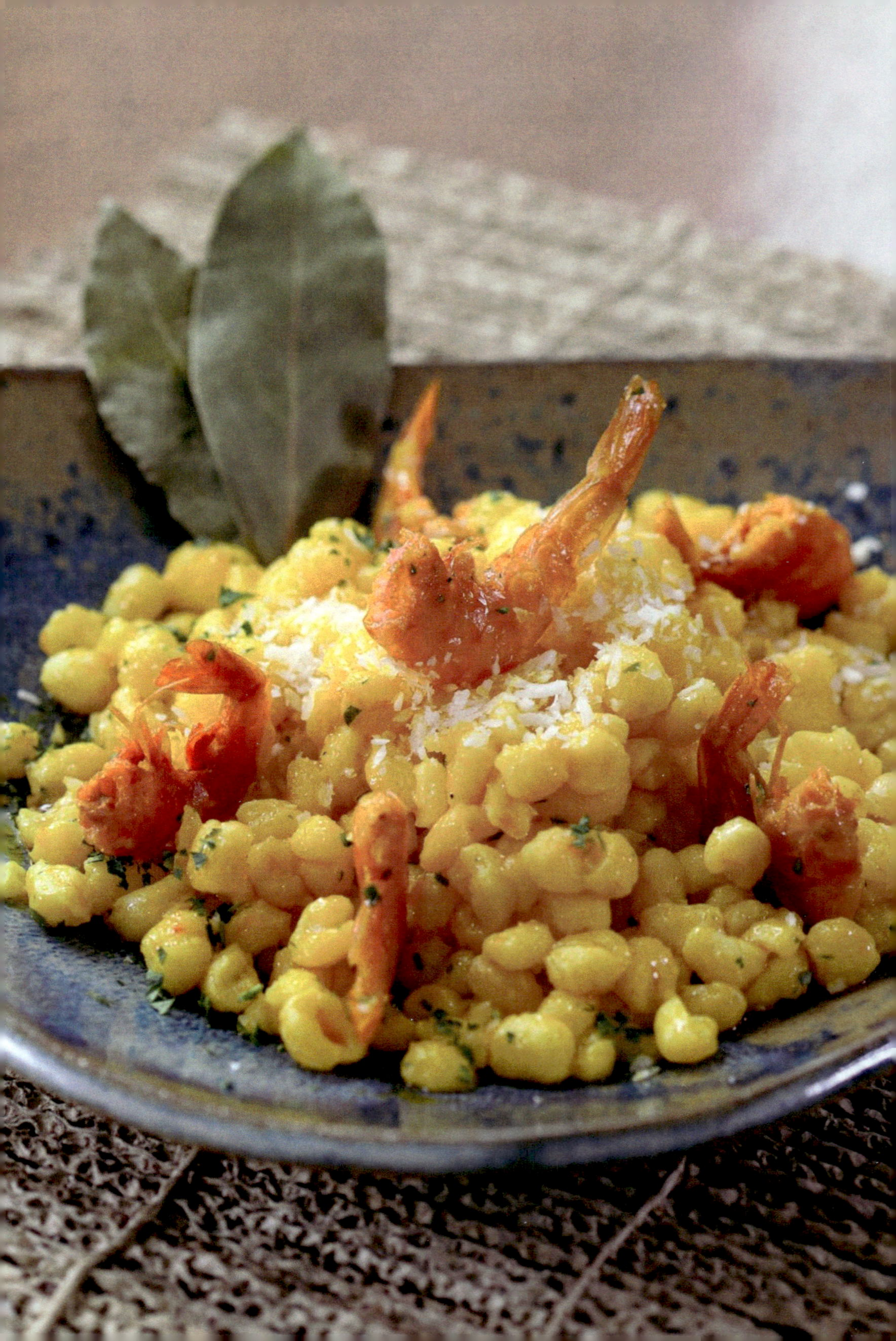

Axoxô de Oxóssi

Rendimento: 4 porções
Tempo de Preparo: 50 minutos

Ingredientes

150g de cebola ralada
100ml de azeite de dendê
250g de milho de mungunzá, previamente cozido
200g de camarões secos
100g de amendoim triturado
150ml de caldo de camarão
200g de camarões frescos
Lascas de coco com casca

Modo de Preparo

Em uma panela, refogue a cebola no azeite de dendê e coloque o milho de mungunzá já previamente cozido. Misture o camarão seco, o amendoim, o caldo de camarão e deixe cozinhar bem. Quando estiver bem cozido, coloque em um prato e enfeite com os camarões frescos salteados e as lascas de coco fresco, se gostar.

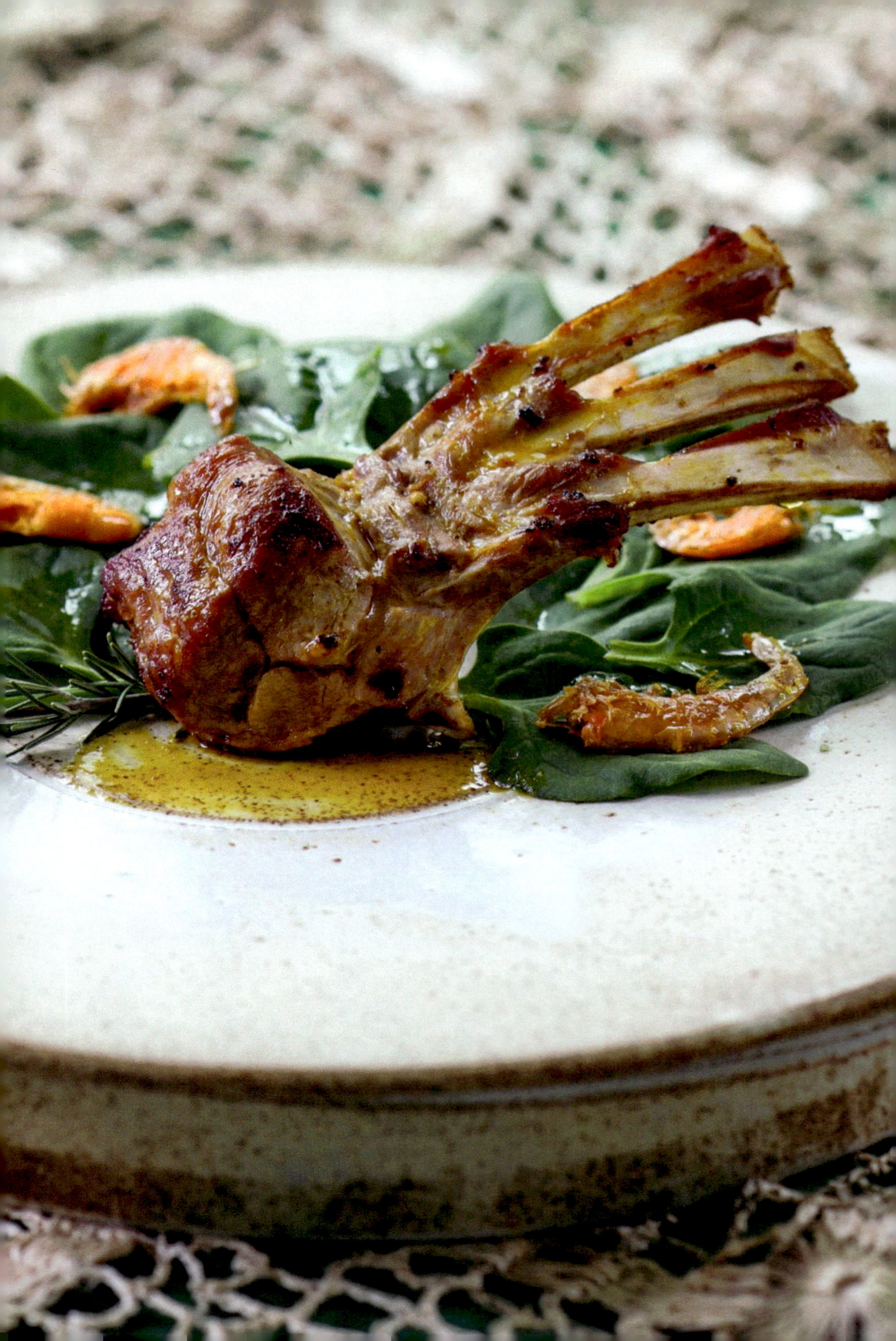

Costela com Espinafre & Camarões Secos

Rendimento: 4 porções
Tempo de Preparo: 6 horas

Ingredientes

250ml de vinho branco seco

Sal e pimenta-do-reino a gosto

1 cebola ralada

2 dentes de alho amassados

1 ramo de alecrim

1kg de costelinha de cordeiro cortadas em ripas

3 colheres (sopa) de manteiga

10 colheres (sopa) de azeite extra virgem

1 litro de caldo de legumes

1 maço de rúcula

1 maço de agrião

2 xícaras (chá) de camarões secos

Modo de Preparo

Faça um marinado com o vinho, o sal, a pimenta, a cebola, o alho, o alecrim e coloque a costela de molho. Deixe pegar gosto por 3 horas dentro da geladeira. Em seguida, em uma panela, coloque a manteiga e o azeite e doure as costelas. Quando elas estiverem douradas, coloque os ingredientes do marinado, inclusive o alecrim, e refogue por uns 5 minutos. Acrescente o caldo de legumes e deixe cozinhar até a costela ficar macia. Leve as costelas ao forno com um pouco do caldo e deixe por mais 20 minutos a 150 °C e pode servir com a salada de folhas temperada com azeite de oliva e os camarões secos.

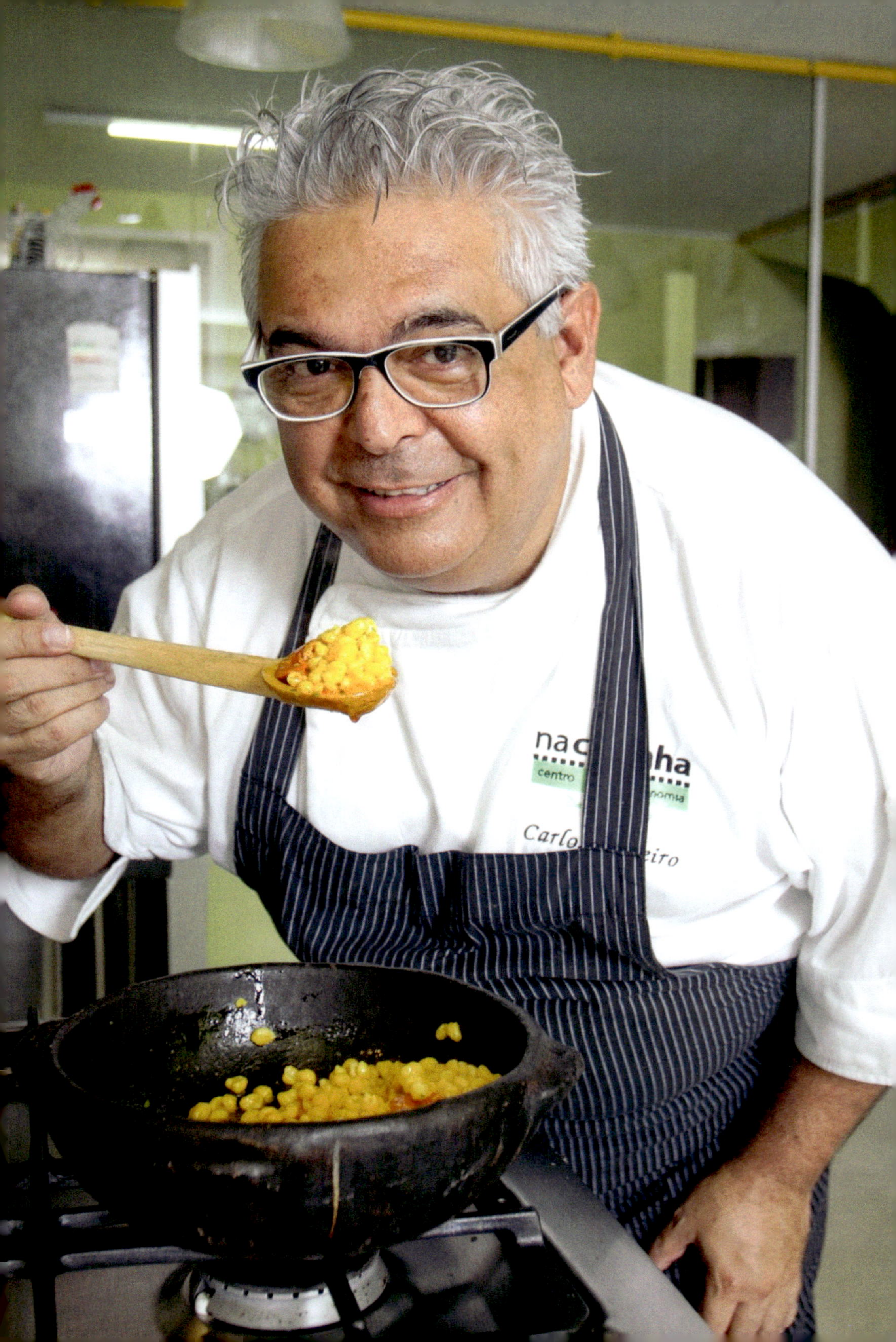
centro

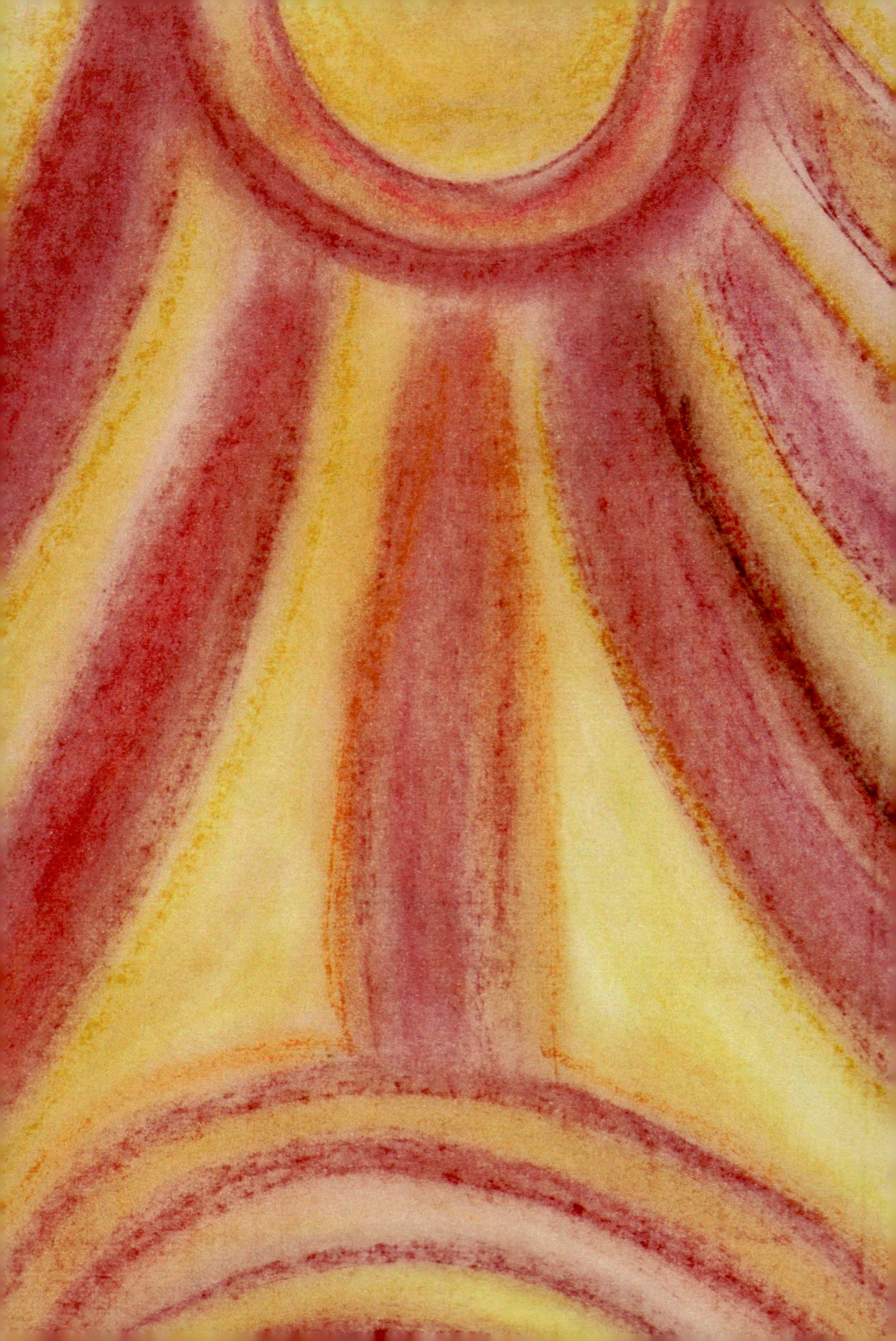

OMOLU

Literalmente: o rei da terra e, portanto, senhor dos grãos, controla as sementes. Omolu come o tempo todo e para ele realiza-se um verdadeiro banquete afim de agradecer pelas maiores riquezas: a vida e saúde plenas.

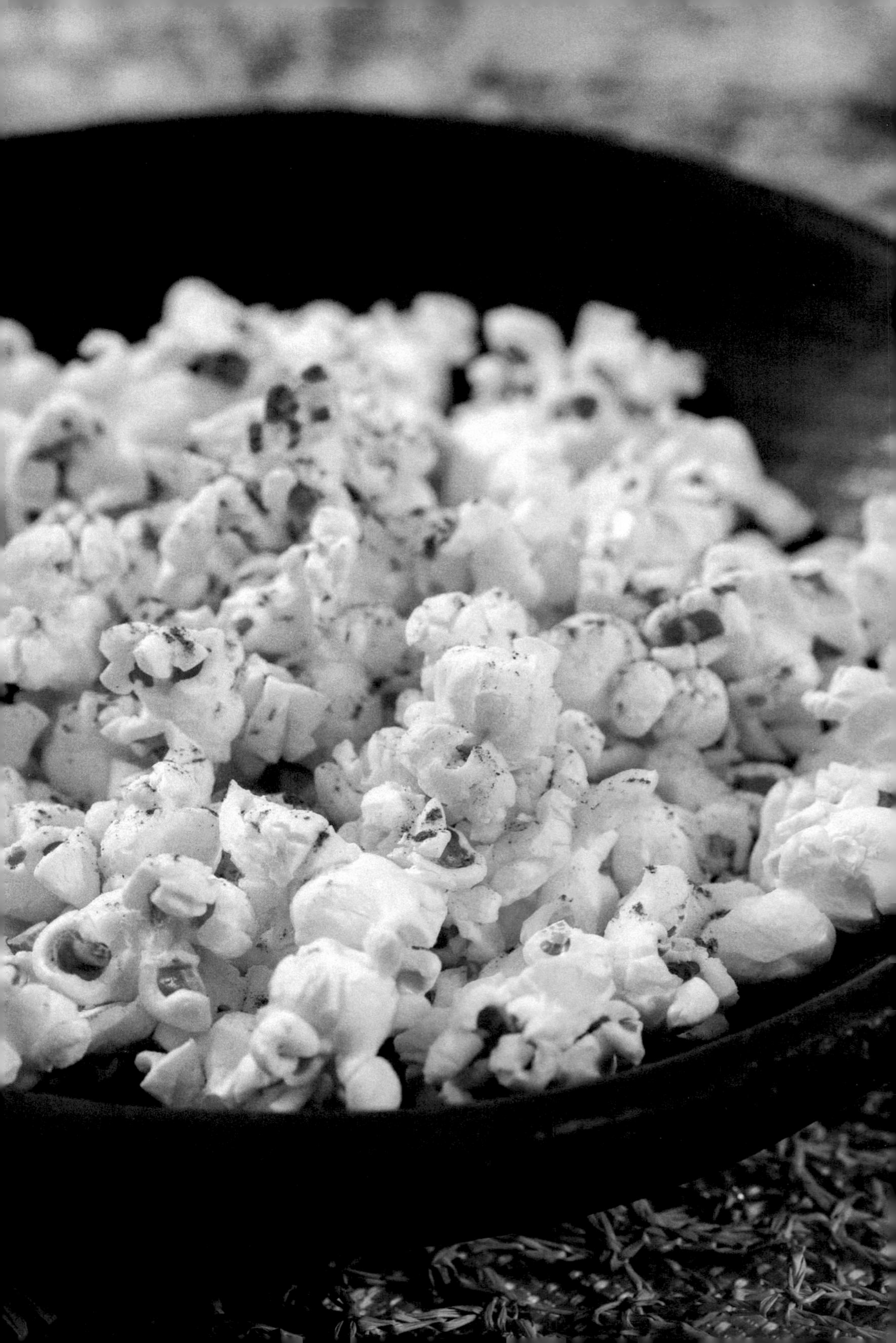

DEBURU

Rendimento: 6 porções
Tempo de Preparo: 15 minutos

Ingredientes

6 colheres (sopa) de óleo
1 colher (sopa) de azeite de dendê
50g de milho de pipoca
1 colher (chá) de pimenta calabresa em pó

Modo de Preparo

Em uma panela, coloque o óleo e o azeite de dendê e deixe ficar bem quente. Depois adicione o milho de pipoca e a pimenta. Tampe a panela e mexa para deixar a pipoca bem soltinha. Quando parar de estourar o milho, desligue a panela e pode servir.

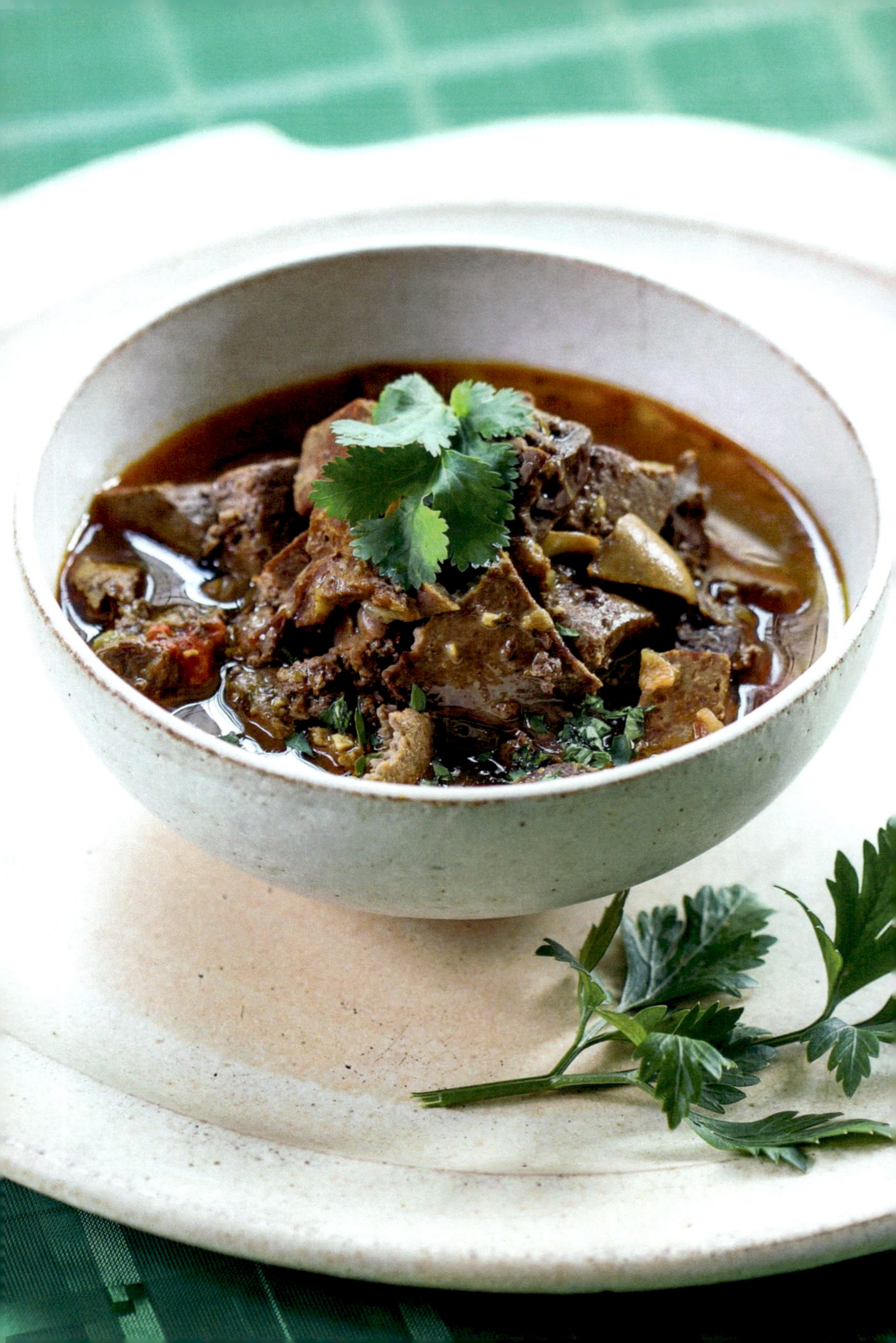

SARAPATEL

Rendimento: 6 porções
Tempo de Preparo: 3 horas

Ingredientes

1kg de miúdos de porco para sarapatel
4 tomates bem picados
1 cebola bem picados
3 dentes de alho amassados
1/2 pimentão e coentro a gosto bem picadinhos
Sal e pimenta do reino a gosto
Azeite de oliva extra virgem a gosto
Suco de 1 limão

Modo de preparo

Escalde os miúdos com água quente e o suco do limão e corte-os em cubinhos. Numa panela acrescente o azeite, os miúdos e deixe refogar em fogo baixo cerca de 10 minutos. Acrescente todos os temperos e água, deixando levantar fervura, tampe a anela e baixe o fogo até cozer e formar molho.

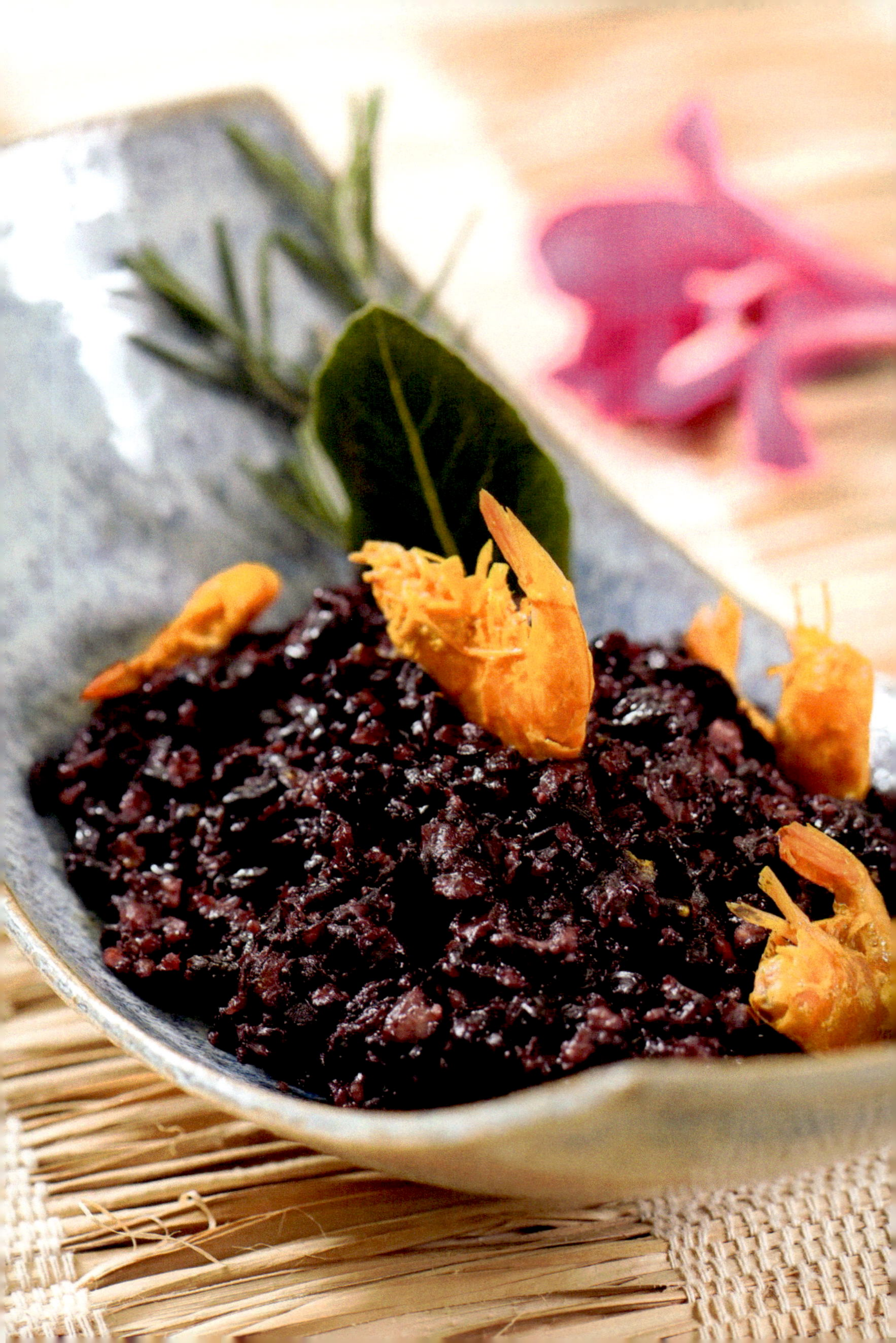

Arroz Negro & Camarões

Rendimento: 6 porções
Tempo de Preparo: 35 minutos

Ingredientes

2 xícaras (chá) de arroz negro
1 litro de água
200ml de leite de coco
200g de camarões secos defumados

Modo de Preparo

Para um cozimento mais rápido, coloque o arroz na panela de pressão apenas com a água. Depois que pegar pressão, deixe por mais 20 minutos, sempre em fogo baixo. Para finalizar, acrescente o leite de coco e, se desejar, refogue por mais alguns minutos. Por último, coloque os camarões secos, misture bem e deixe alguns para decoração do prato.

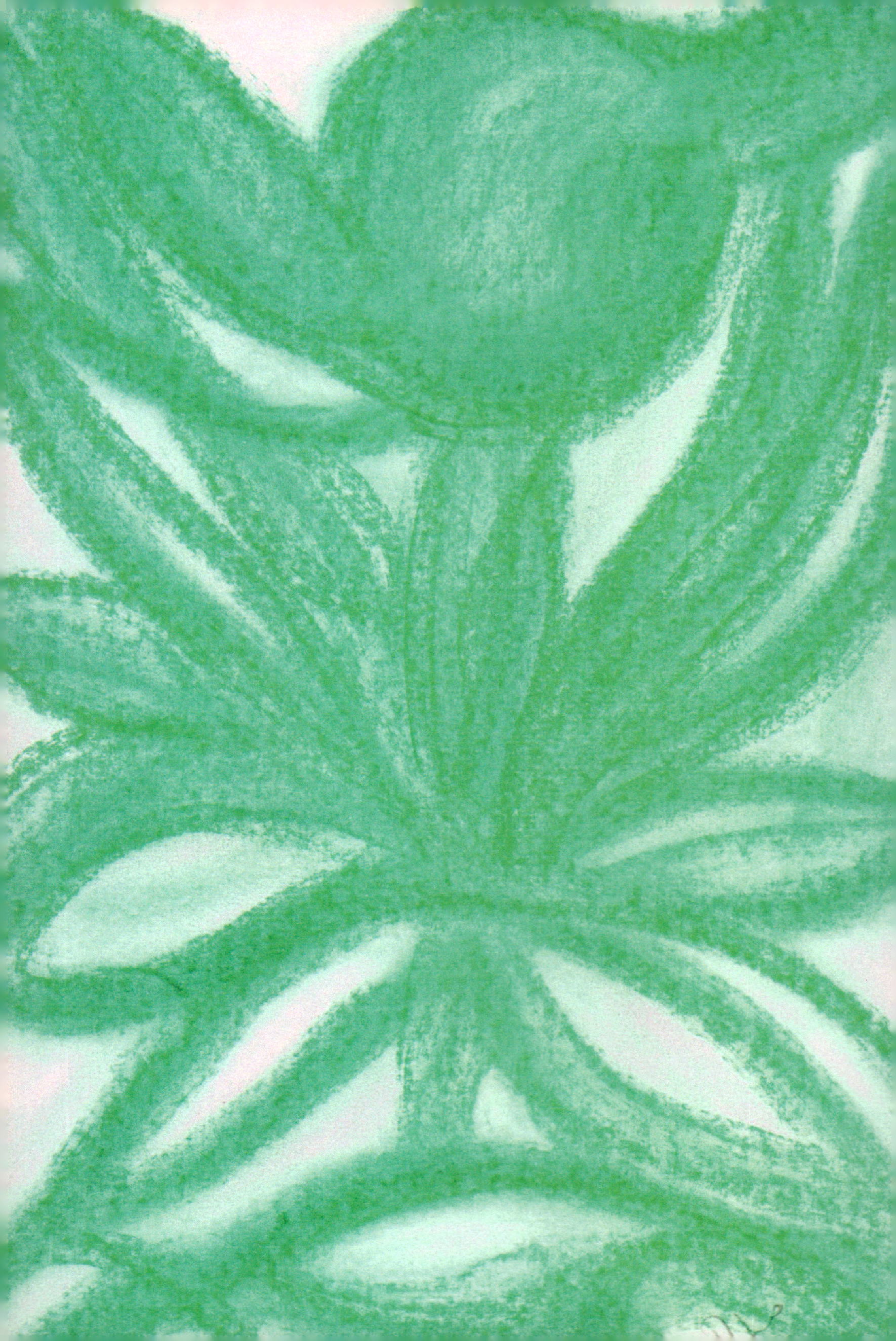

OSSAIN

Diz-se que Ossain "não come nada, pois é um vegetal". É ele quem conhece o segredo de cada folha, fruto, flor e semente, seus nomes e as palavras que as encantam.

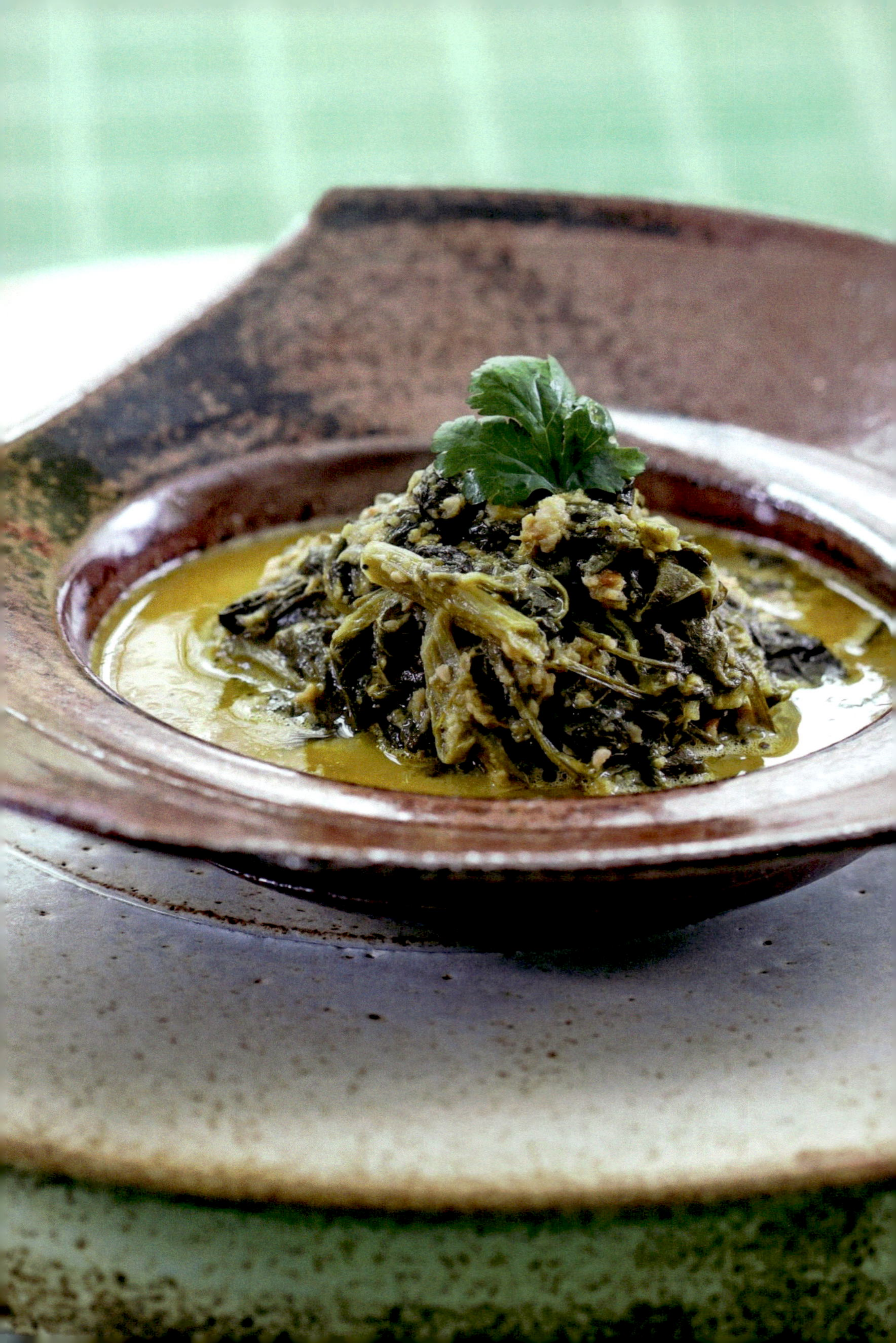

EFÓ

Rendimento: 6 porções
Tempo de Preparo: 1 hora

Ingredientes

250g de camarão seco e descascado
2 cebolas grandes e 3 dentes de alho
150g de castanha-de-caju torrada e moída
200g de amendoim torrado e moído
1 maço de espinafre ou língua-de-vaca
1 colheres (chá) de gengibre ralado
1 xícara (chá) de leite de coco grosso
10 colheres (sopa) de azeite de oliva
5 colheres (sopa) azeite de dendê

Modo de Preparo

Bata no liquidificador o camarão seco, a cebola, o alho, a salsa, a castanha-de-caju e o amendoim. Limpe o maço de espinafres e rasgue as folhas, deixando aferventar em água com o gengibre, os temperos moídos, o leite de coco e os azeites. Misture, leve ao fogo baixo e cozinhe por 30 minutos.

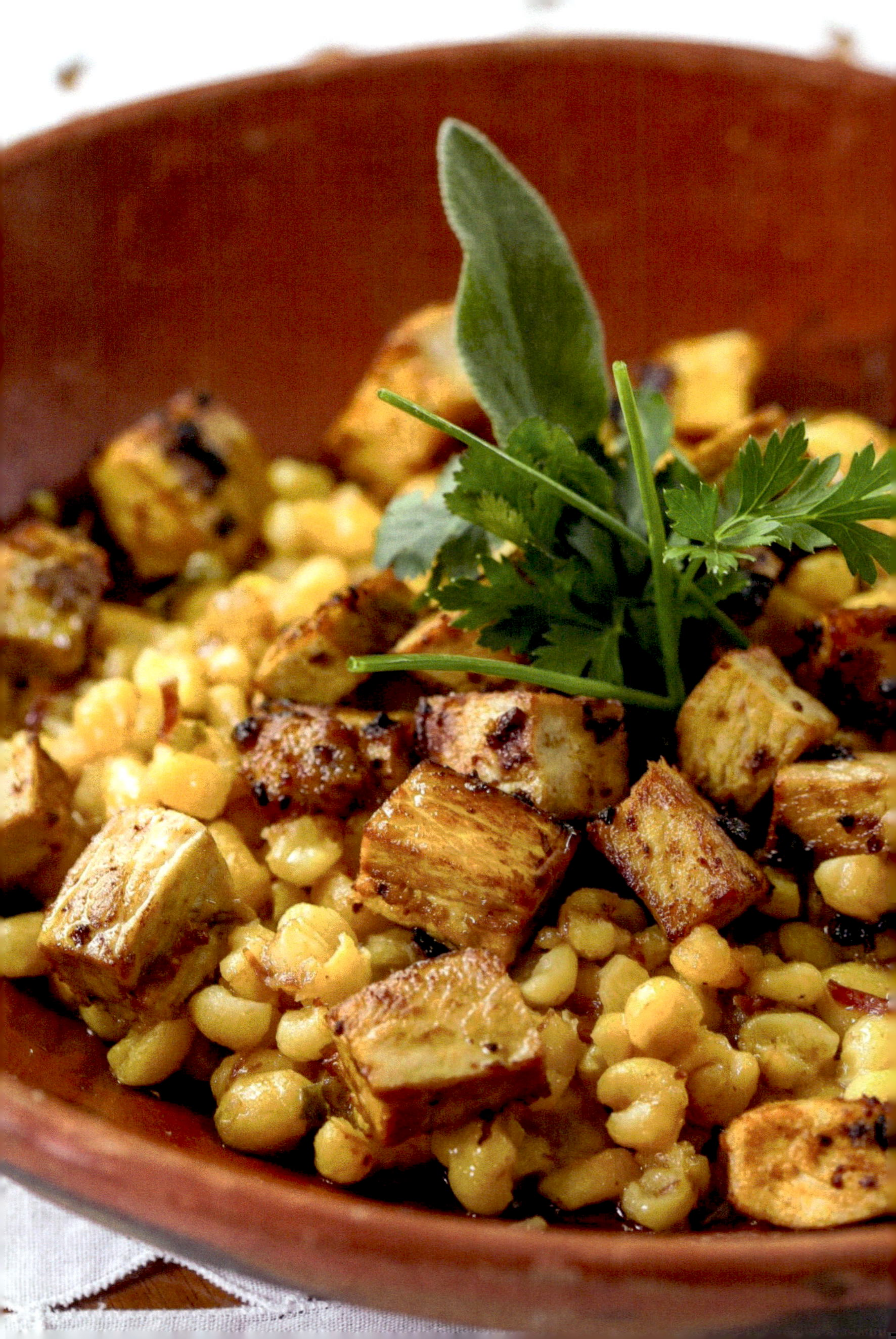

Milho com Carne de Porco

Rendimento: 6 porções
Tempo de Preparo: 1 hora

Ingredientes

500g de xérem de milho (quirela)
1 litro de caldo de legumes
1 cebola pequena ralada
10 colheres (sopa) de azeite de oliva
4 colheres (sopa) de mel
2 colheres (sopa) de manteiga
2 dentes de alhos amassados
1 folha de louro
500g de lombo suíno cortado em cubos
2 colheres (sopa) de azeite de dendê
1 xícara (chá) de suco de laranja natural
1 tomate picado
Sal, pimenta-de-cheiro picada a gosto
Cebolinha picada a gosto
Raspas da 1 laranja

Modo de Preparo

Cozinhe o milho com o caldo de legumes até que fique macio e reserve. Refogue a cebola no azeite de oliva e no azeite de dendê com a manteiga. Coloque o alho, a folha de louro, o lombo suíno, o mel, o suco de laranja, o tomate, o sal e a pimenta-de-cheiro. Refogue bem e, por último, acrescente a cebolinha e as raspas de laranja para decorar e dar perfume ao prato.

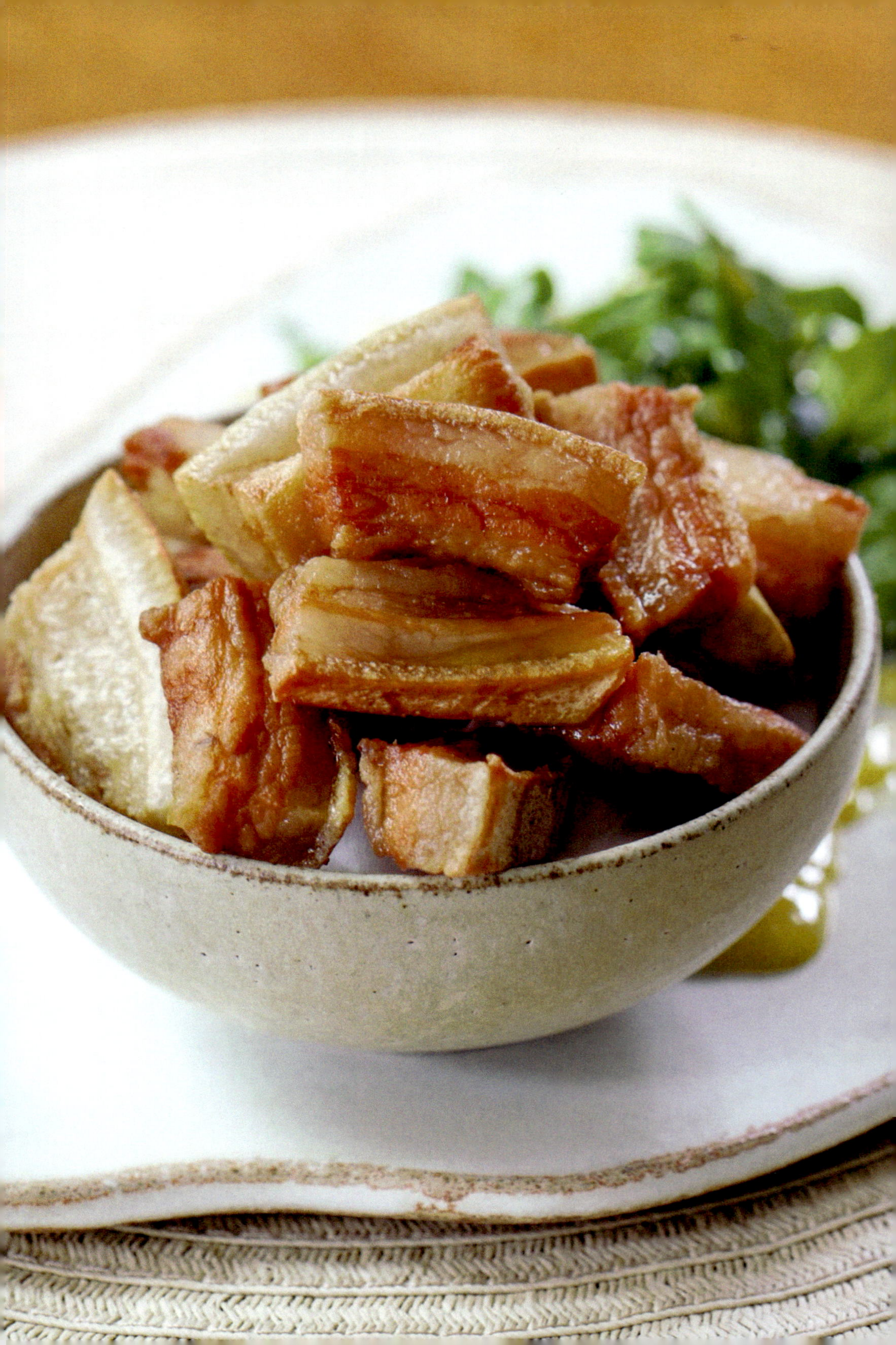

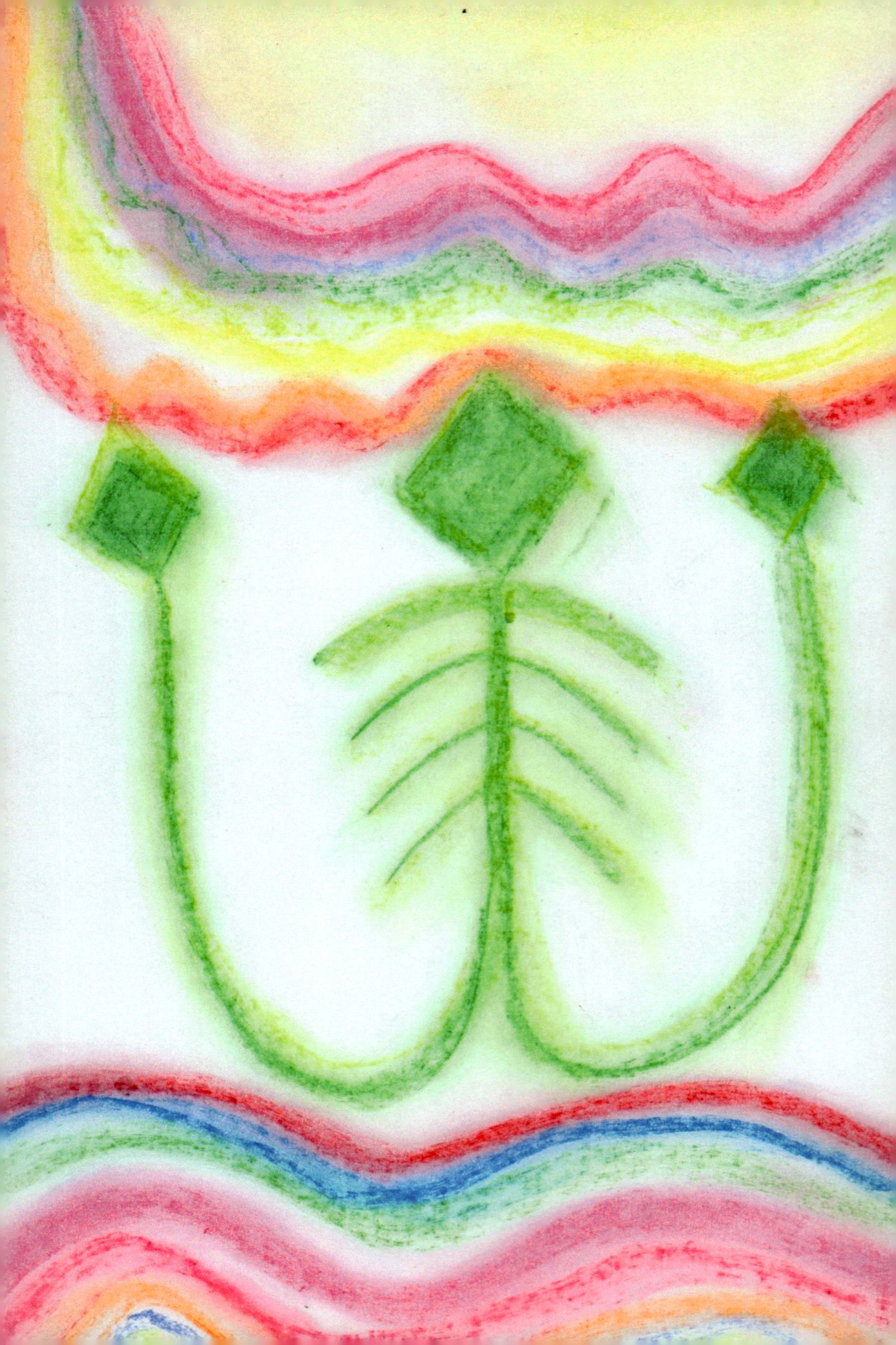

OXUMARE

Na terra, é a cobra que morde a própria cauda, o infinito ciclo de retorno às origens, garantindo o devir das coisas. No céu, é o arco-íris que reflete a beleza dos ciclos naturais. É, acima de tudo, o princípio das possibilidades.

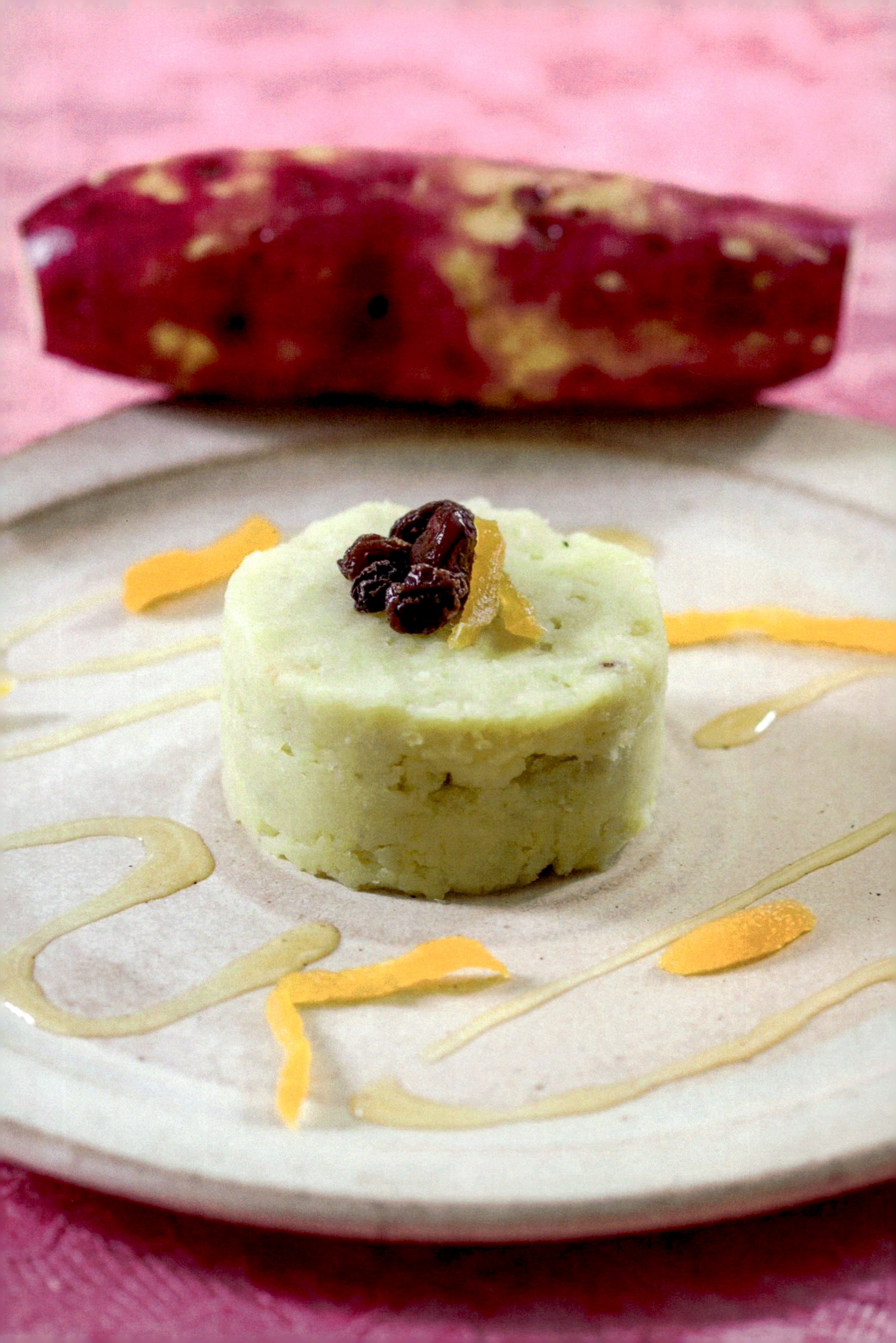

Purê de Batata Doce com Mel

Rendimento: 6 porções
Tempo de Preparo: 30 minutos

Ingredientes

500g de batata doce roxa cozida
1 colher (sopa) de manteiga
10 colheres (sopa) de azeite de oliva
Sal e pimenta-do-reino a gosto
1 colher (sopa) de mel
100g de castanha-de-caju sem sal

Modo de Preparo

Amasse as batatas e, em uma panela grande, coloque a manteiga, o azeite, o sal e pimenta-do-reino. Deixe fritando por um 1 minuto adicione a batata amassada, misturando bem. Por último, acrescente o mel e decore com castanhas-de-caju.

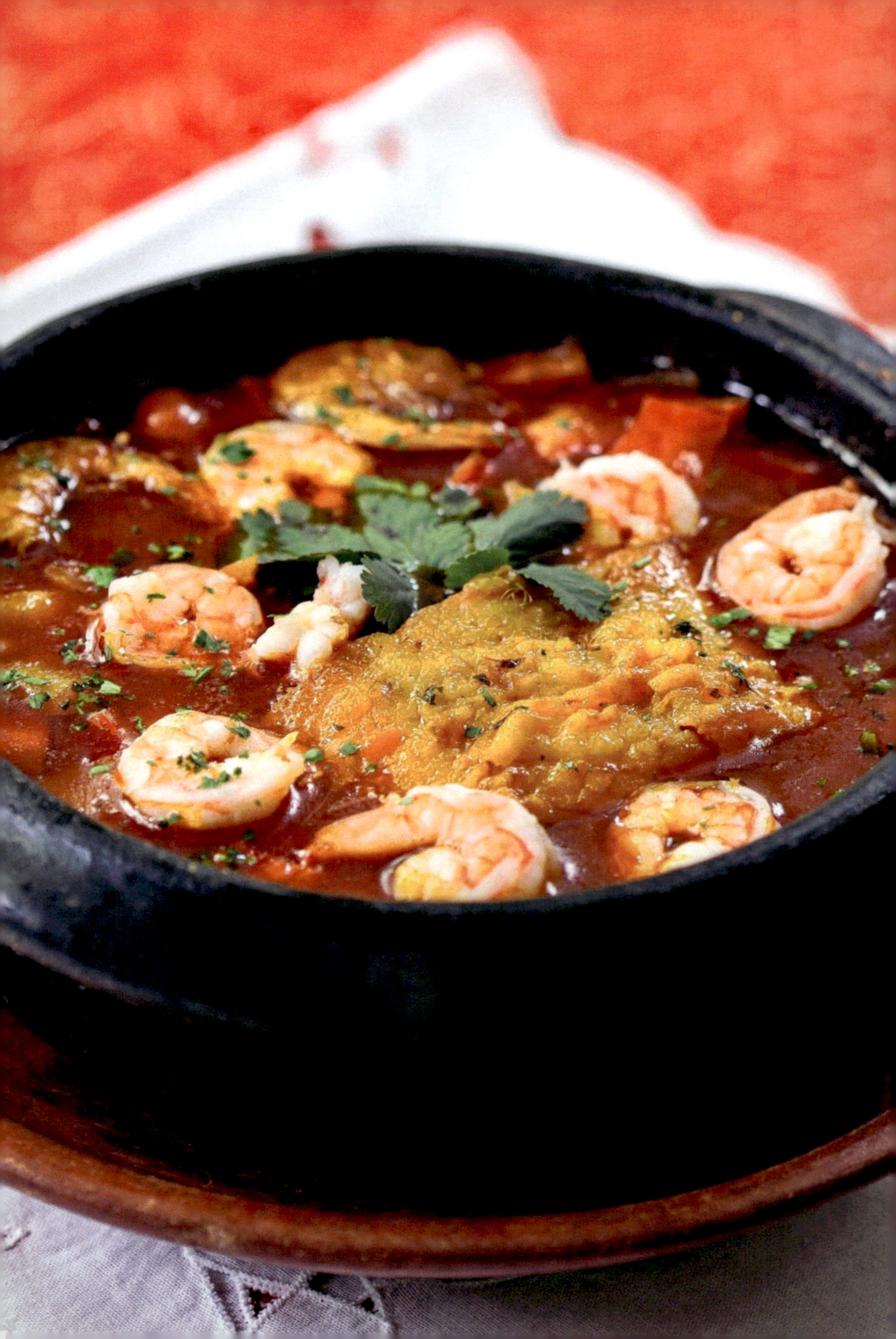

Moqueca Baiana

Rendimento: 6 porções
Tempo de Preparo: 50 minutos

Ingredientes

6 colheres (sopa) de azeite de oliva extra virgem
4 dentes de alho picados
1 cebola grande cortada em rodelas
Sal e pimenta-do-reino a gosto
1/2 pimentão vermelho cortado em rodelas
1/2 pimentão amarelo cortado em rodelas
1/2 pimentão verde cortado em rodelas
3 tomates maduros cortado em rodelas
6 postas de peixe
300ml de leite de coco
4 xícaras (chá) de água
8 colheres (sopa) de azeite de dendê
6 camarões médios, sem casca e sem cabeça
Coentro picado a gosto

Modo de Preparo

Aqueça uma panela de barro até ficar bem quente. Coloque o azeite de oliva, o alho, a cebola, o sal, a pimenta-do-reino e refogue bem por uns 3 minutos. Coloque os pimentões, os tomates e o peixe. Adicione mais um pouco de sal e pimenta-do-reino, junto com o leite de coco, a água e o azeite de dendê. Quando levantar fervura, adicione os camarões, o coentro e tampe a panela. Deixe ferver por mais alguns minutos, e está pronta a moqueca. Sirva com arroz branco.

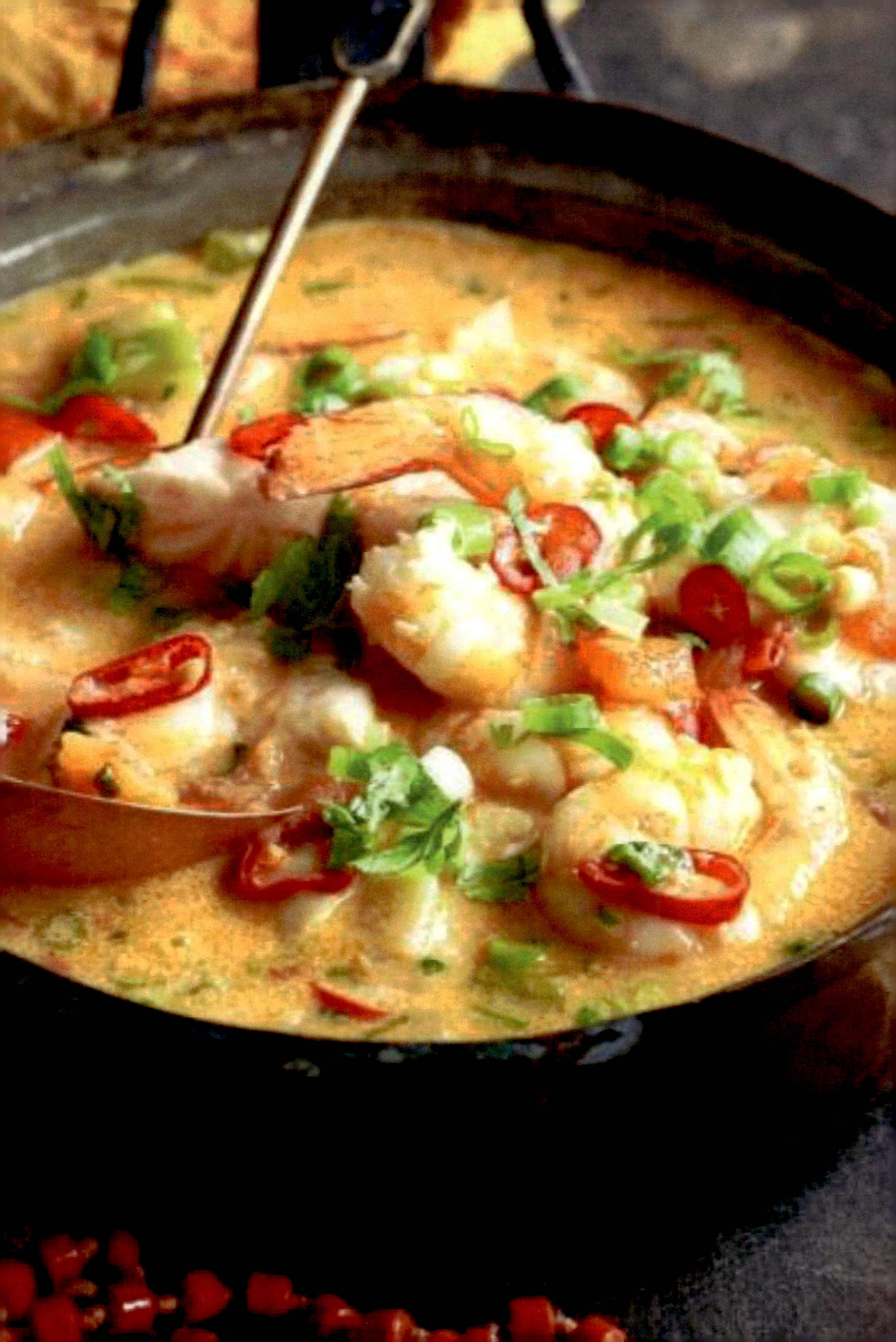

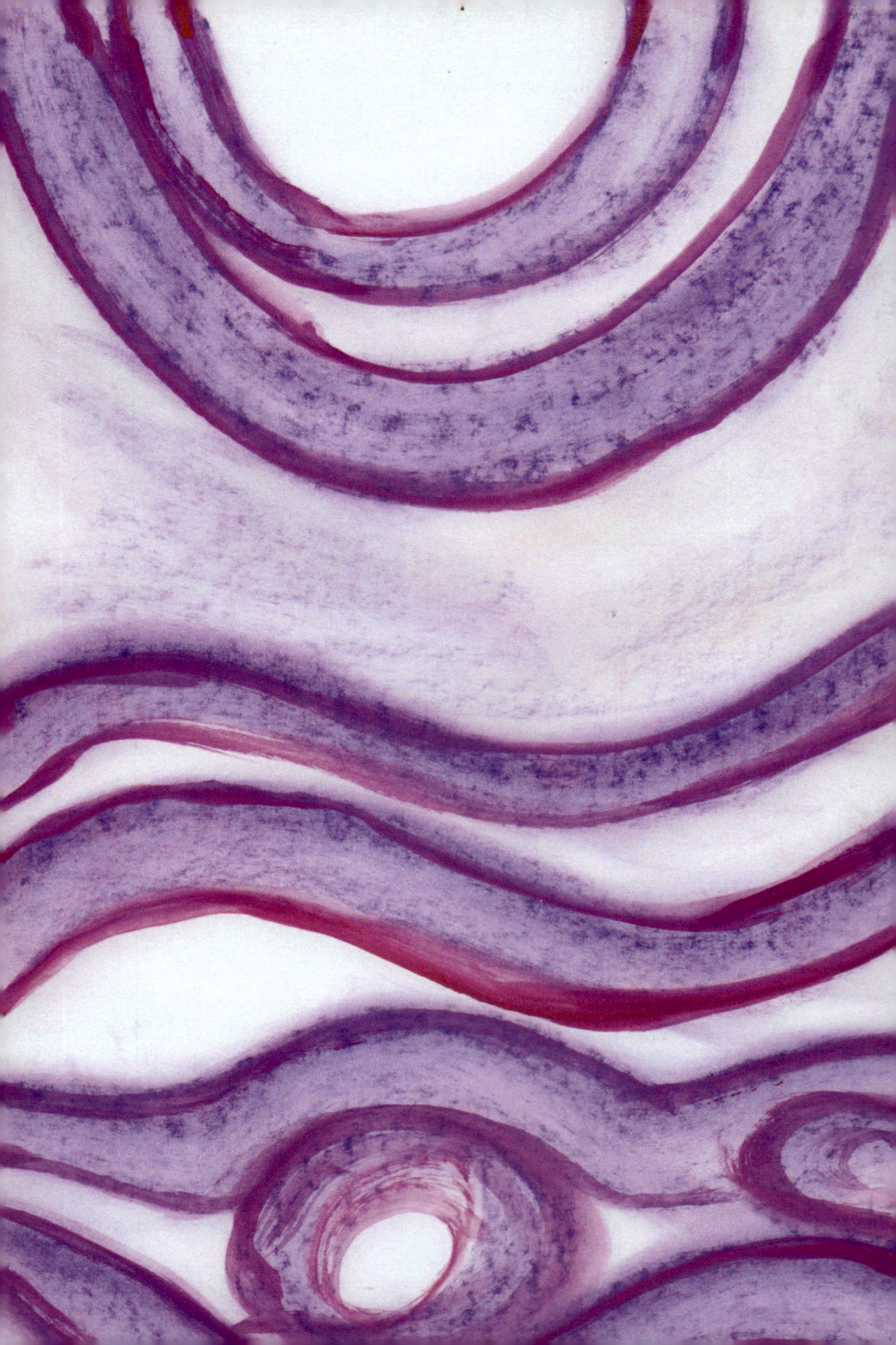

NANÃ

É a dona do barro,
princípio ancestral do qual se
desprende todos os seres vivos.
Seu culto confunde-se
com o culto de Obaluaiê,
é reconhecida como
um dos orixás mais velhos
e teria participado da
criação do mundo.

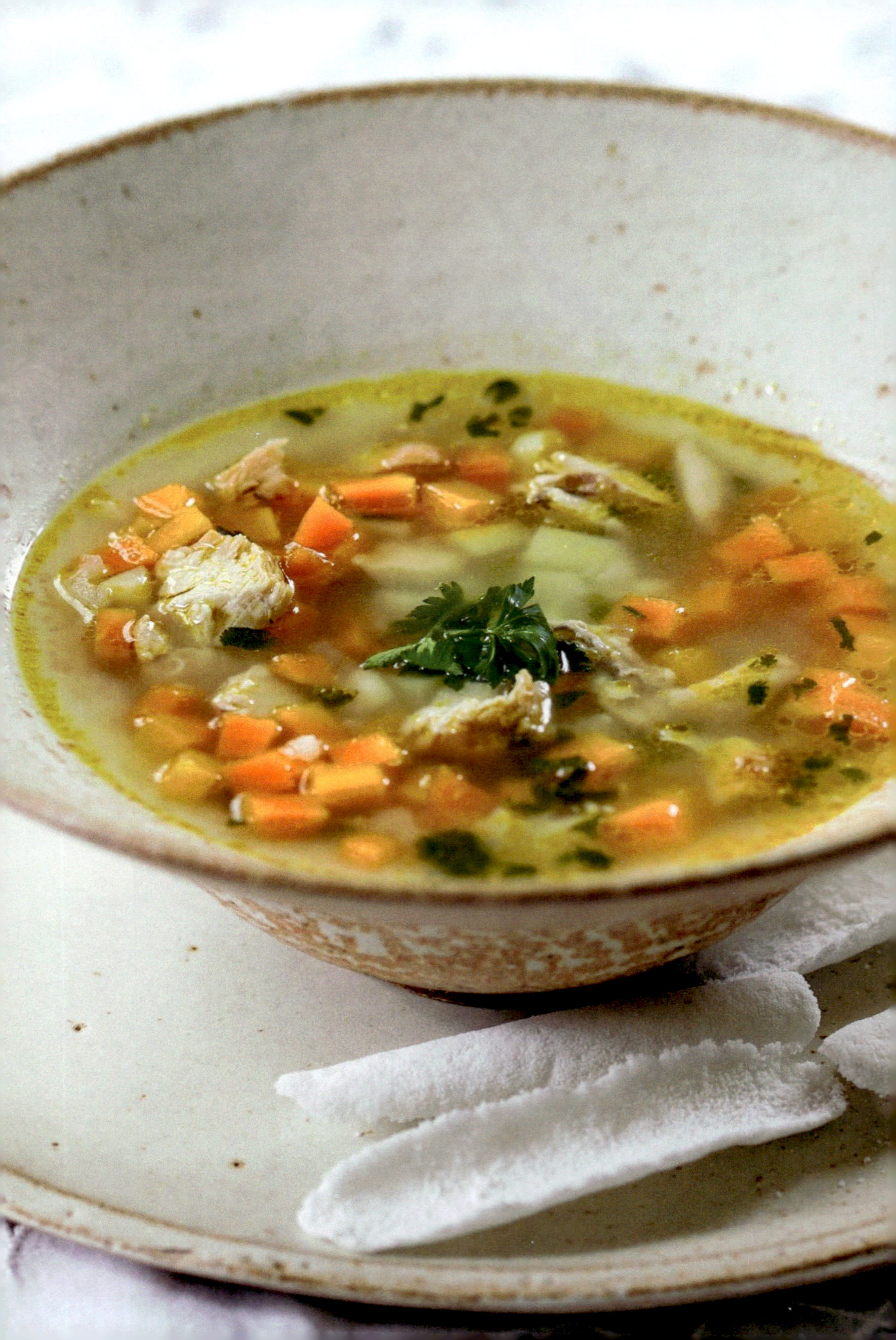

Canja de Galinha

Rendimento: 6 porções
Tempo de Preparo: 50 minutos

Ingredientes

1 cebola média picada
2 dentes de alho picados
1 colher (sopa) de óleo
3 pedaços de peito de frango picados
1 litro de água
Sal a gosto
1 xícara (chá) de arroz cozido à seu modo
1/2 xícara (chá) de cenoura ralada
1 colher (chá) de coentro picado

Modo de Preparo

Em uma panela grande, doure a cebola e o alho no óleo. Coloque os pedaços de frango e, quando estiverem dourados, adicione a água, o sal e deixe cozinhar. Quando o frango estiver cozido, acrescente o arroz e a cenoura. Cozinhe tudo por alguns minutos e desligue. Polvilhe o coentro e sirva.

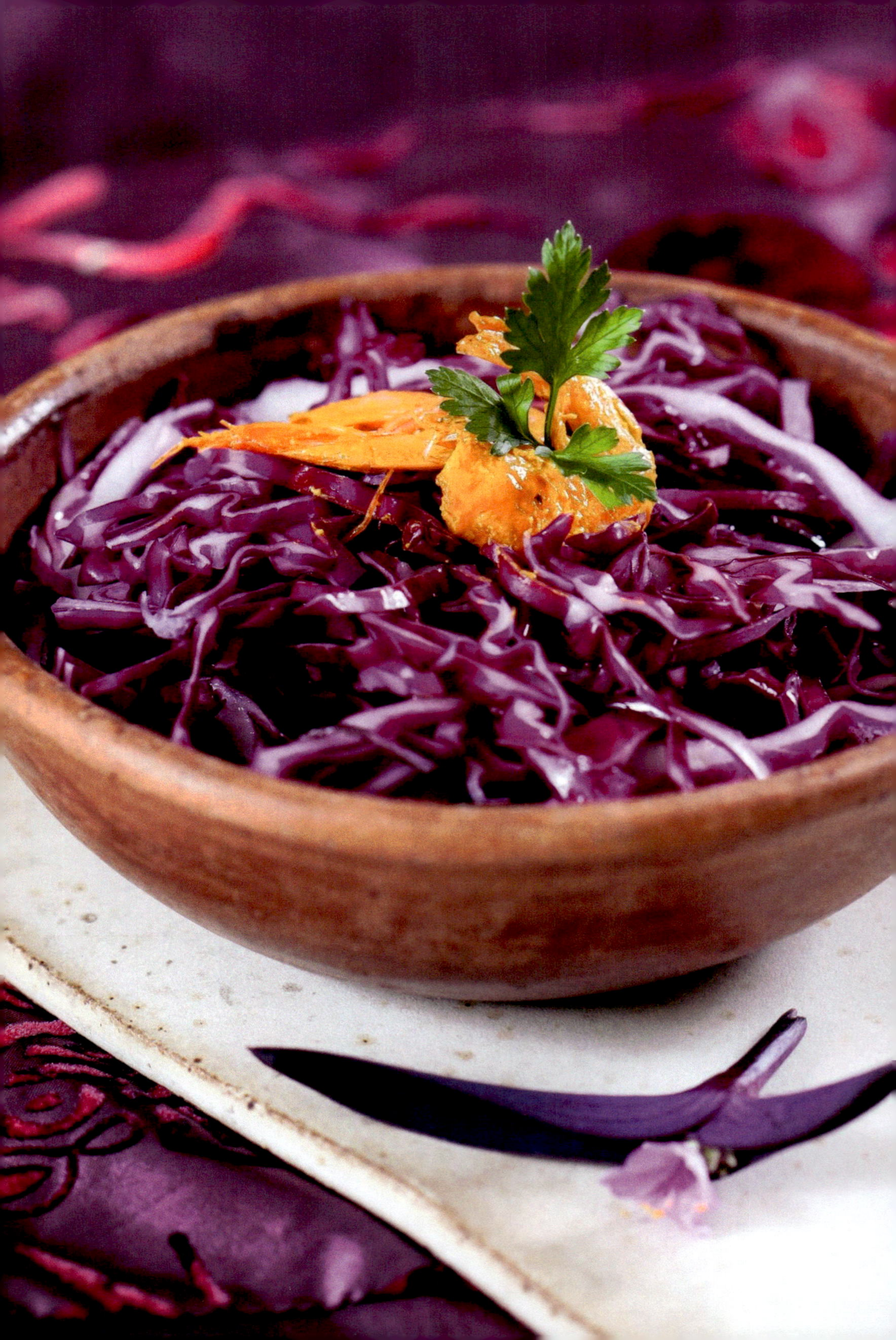

Salada de Repolho & Iogurte

Rendimento: 6 porções
Tempo de Preparo: 30 minutos

Ingredientes

500g de repolho roxo cortado bem fino
1 xícara (chá) de uvas-passas sem sementes
1 xícara (chá) de iogurte natural
Sal e pimenta-do-reino a gosto
Maçã ou abacaxi a gosto

Modo de Preparo

Em um recipiente coloque o repolho, as uvas-passas, o iogurte, o sal e a pimenta. Misture bem e, se quiser, coloque a maçã ou o abacaxi, pois também ficará bem refrescante e saboroso. Sirva bem gelada.

OXUM

É o princípio da fecundidade.
Rege todo o tipo de sistema,
desde o sistema solar,
o ciclo menstrual
até o sistema gastrointestinal.
Relaciona-se diretamente com
a comida e é a dona das
panelas, símbolos do ventre.

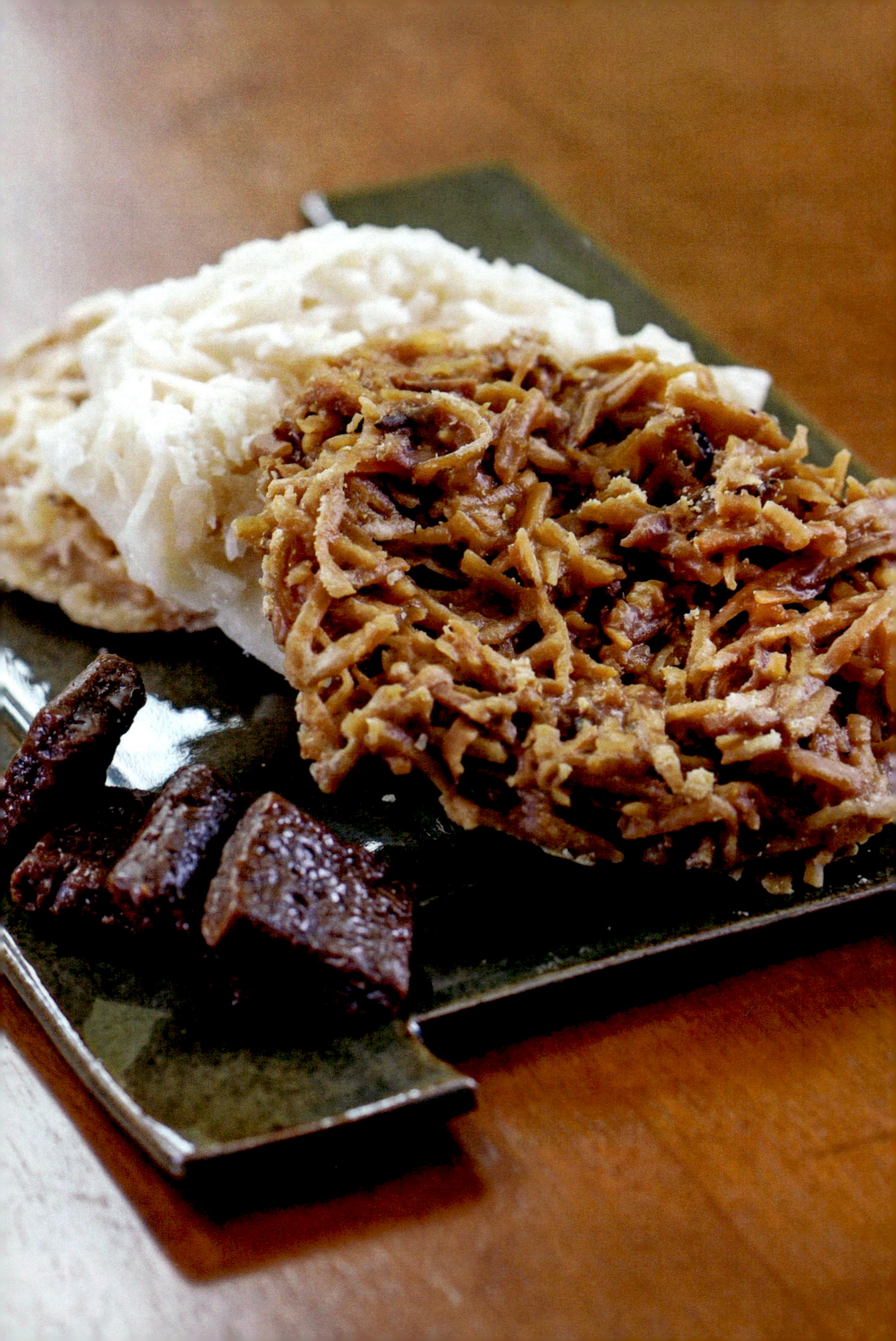

Cocada Baiana

Rendimento: 20 unidades
Tempo de Preparo: 1 hora

Ingredientes

4 xícaras (chá) cheias de coco ralado grosso
4 xícaras (chá) de açúcar
4 xícaras (chá) de água ou leite
Manteiga para untar o mármore

Modo de Preparo

Coloque todos os ingredientes em uma panela e leve ao fogo, mexendo de vez em quando. Assim que engrossar e atingir o ponto de cocada mole, mexa sem parar. O caldo vai secar e começa a dourar a cocada, ficando bem espessa. Antes de secar totalmente, retire do fogo rapidamente e despeje, em colheradas, sobre uma superfície de mármore levemente untada com manteiga. Espere secar e solte do mármore com uma espátula. Se açucarar, leve ao fogo novamente com um pouco de água.

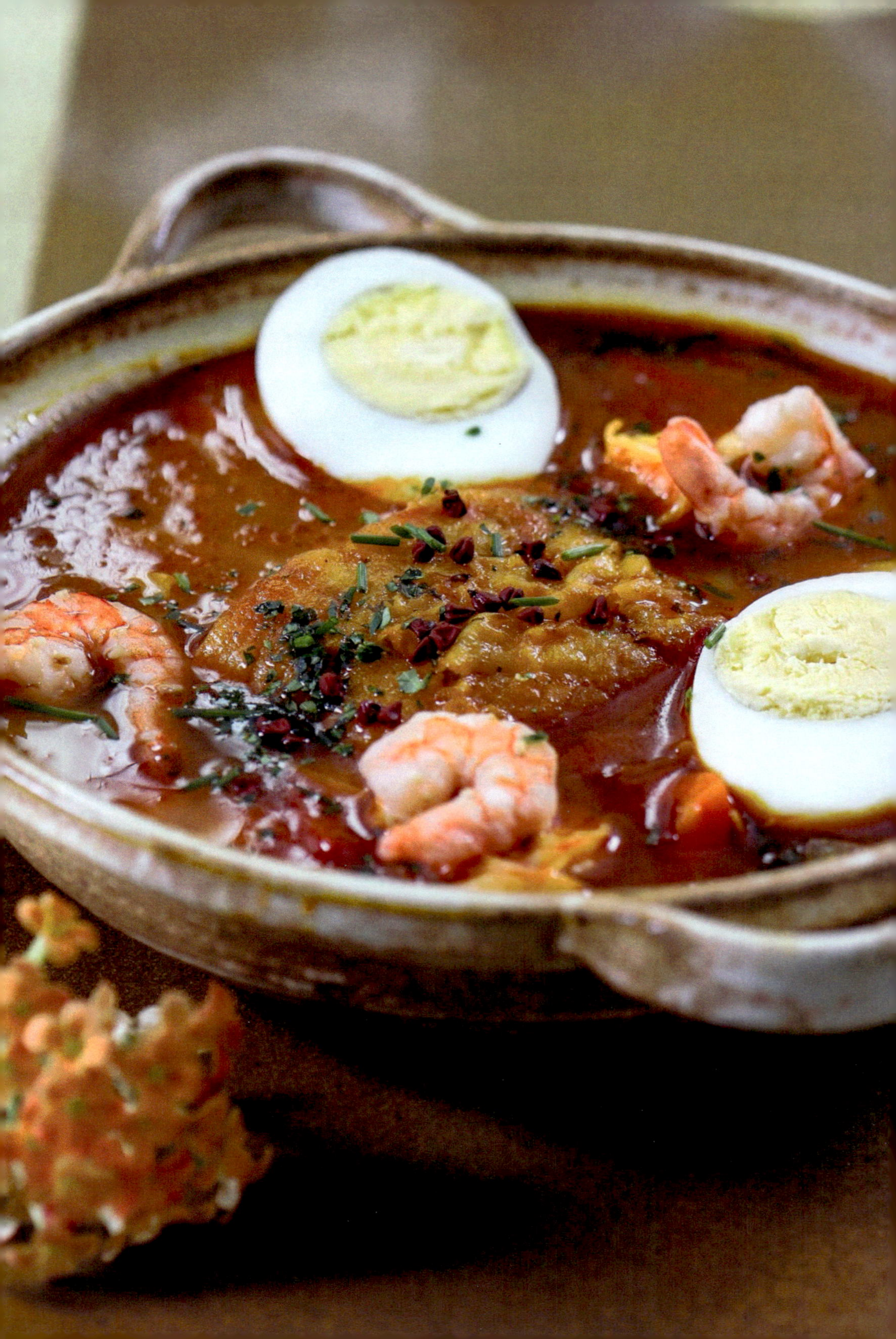

Moqueca de Peixe com Ovos

Rendimento: 6 porções
Tempo de Preparo: 50 minutos

Ingredientes

6 colheres (sopa) de azeite extra virgem
4 dentes de alho
1 cebola grande
3 tomates maduros cortados em rodelas
6 postas de peixe
300ml de leite de coco
4 xícaras (chá) de água
6 colheres (sopa) de azeite de dendê
6 camarões médios, sem casca e sem cabeça
4 ovos cozidos cortados ao meio
Sal, pimenta-do-reino e coentro a gosto

Modo de Preparo

Coloque uma panela de barro no fogo e deixe ficar bem quente. Em seguida, coloque o azeite de oliva, o alho, a cebola, o sal, a pimenta-do-reino e refogue bem por 3 minutos.

Coloque o tomate e o peixe. Adicione mais um pouco de sal e pimenta-do-reino junto com o leite de coco, a água, o azeite de dendê e, quando levantar fervura, adicione os camarões, o coentro e tampe a panela.

Deixe ferver por mais alguns minutos e está pronta a moqueca. Por último, acrescente os ovos cozidos por cima do peixe. Sirva com arroz branco.

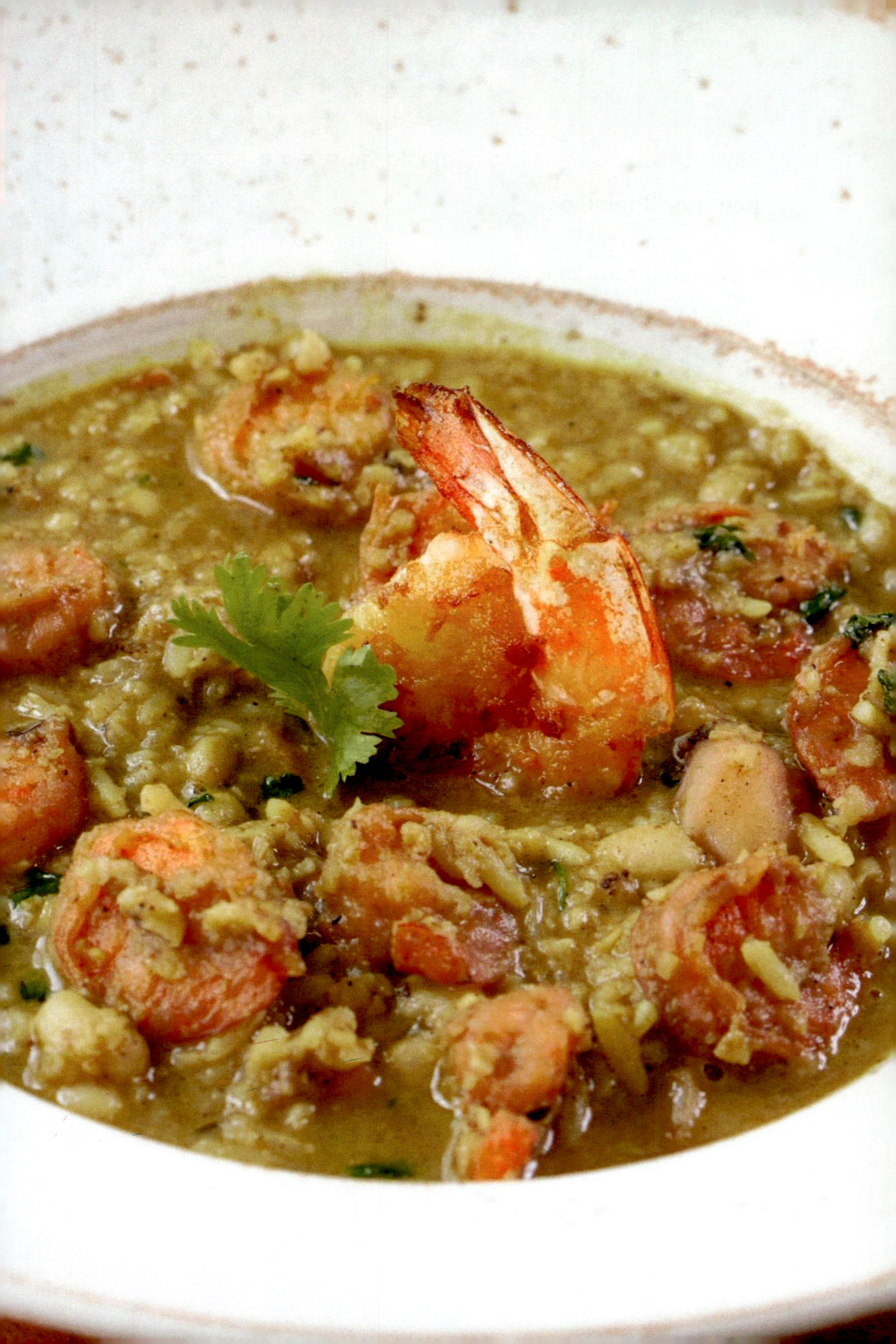

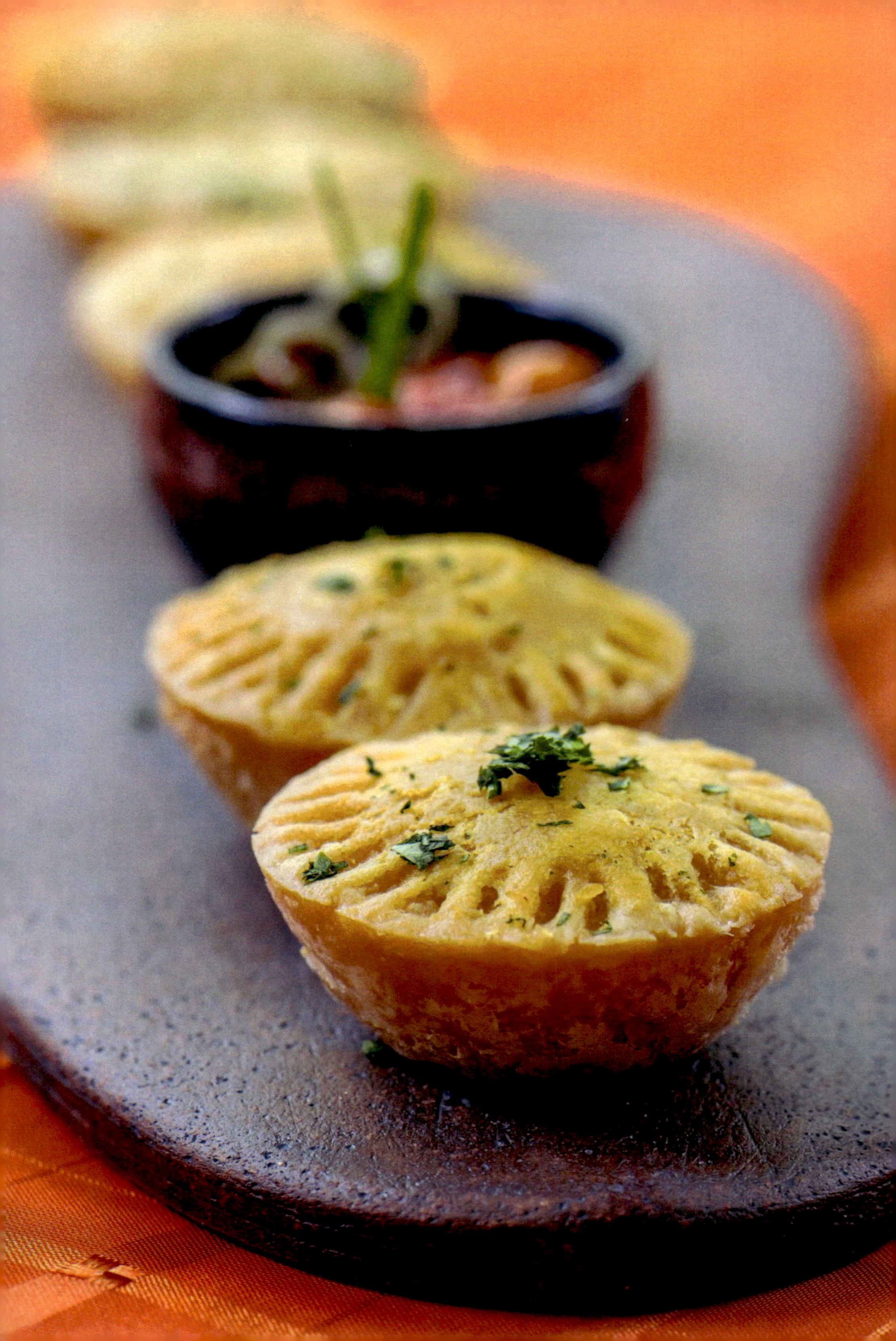

Bobó de Camarão

Rendimento: 20 unidades
Tempo de Preparo: 2 horas

Ingredientes

2 dentes de alho picado

1 cebola ralada

100g de manteiga

1 colher (sopa) de azeite de dendê

Sal e pimenta-do-reino a gosto

1 colher (sopa) de pó de camarão ou de peixe

1 litro de caldo de peixe

600g de farinha de trigo

1 kg de camarões 7 barbas já refogados com sal, pimenta e azeite de dendê

Modo de Preparo

Refogue o alho e a cebola na manteiga com o dendê, coloque o sal, a pimenta, o pó de camarão, o caldo de peixe e deixe no fogo por uns 6 minutos. Em seguida, coloque toda a farinha de trigo e vá mexendo bem rápido até misturar bem e a massa ficar igual a de coxinha. Deixe esfriar.

Montagem

Em forminhas de empada pequenas, molde a massa, coloque o recheio do bobo de camarão, sem encher muito, acomode os camarões 07 barbas por cima deste recheio e feche a forminha de empada com a massa. Dê um acabamento com um garfo para deixar bem fechado e não estourar na hora de fritar. Depois de todos prontos, leve ao freezer por 24 horas. Frite-os congelados com bastante óleo a 180 °C.

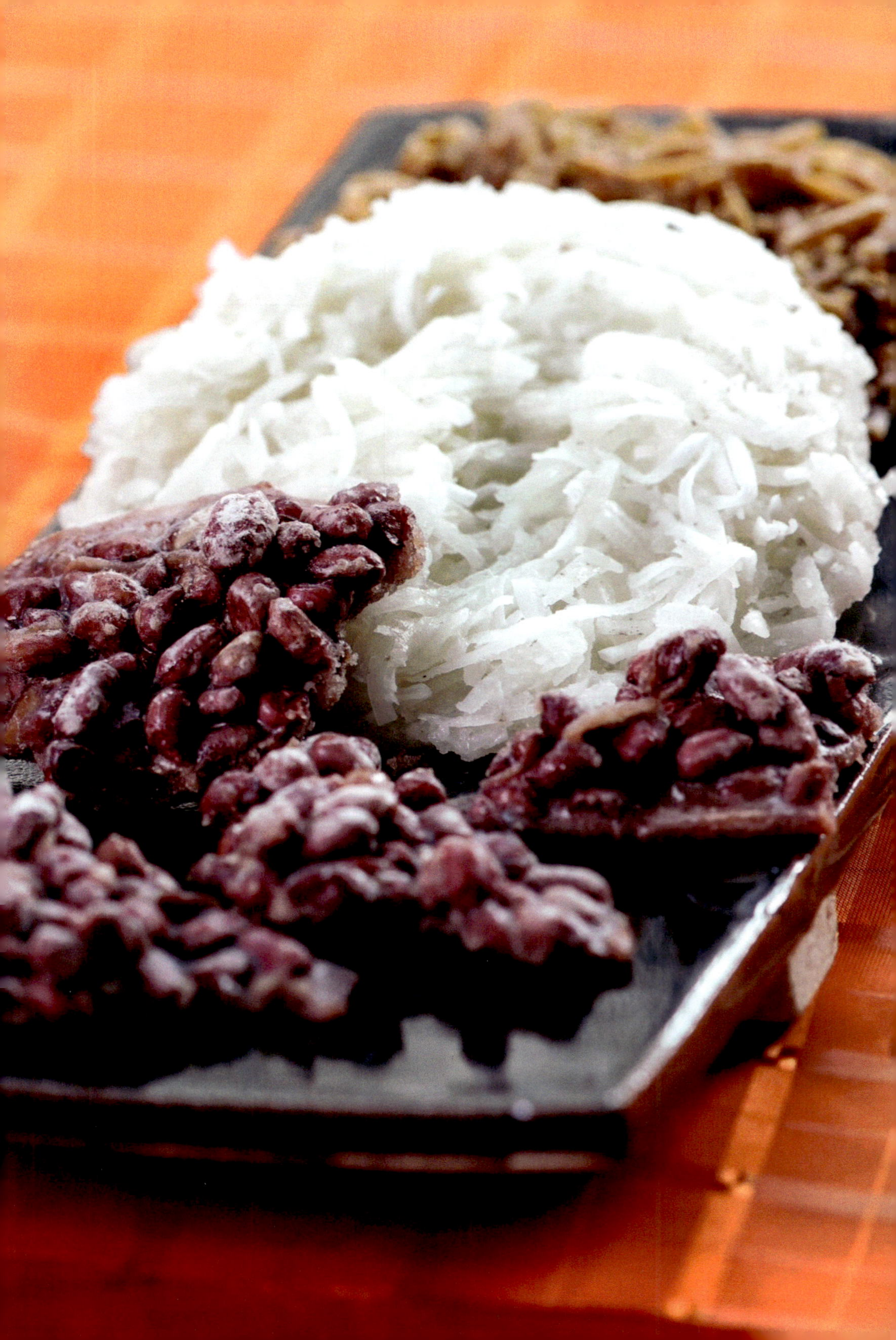

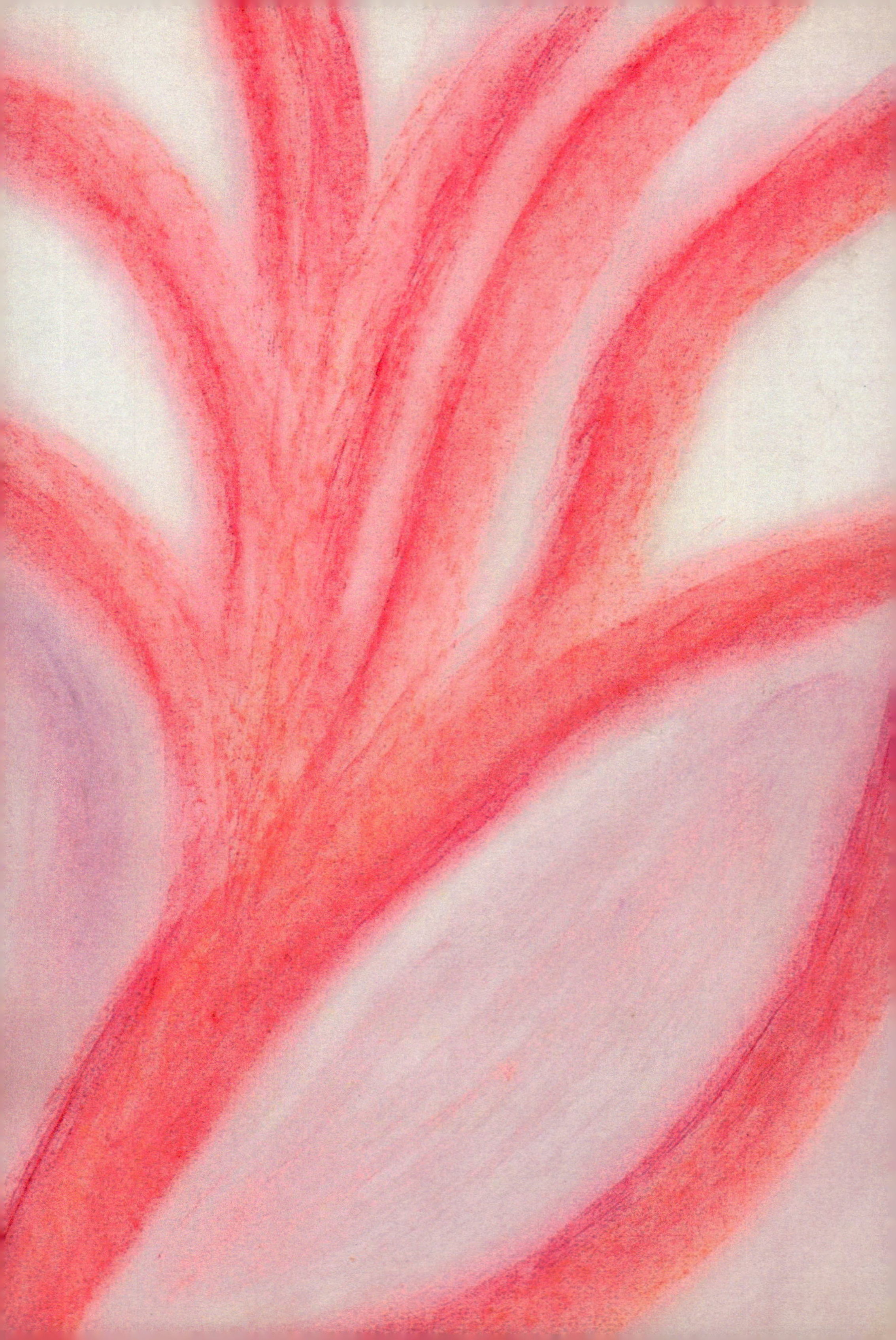

OBÁ

Orixá guerreira, símbolo da coragem feminina, tem o poder de transformar-se em qualquer bicho de caça. Come o mesmo que Oxóssi, tendo aprendido com ele as artes da subsistência nas florestas.

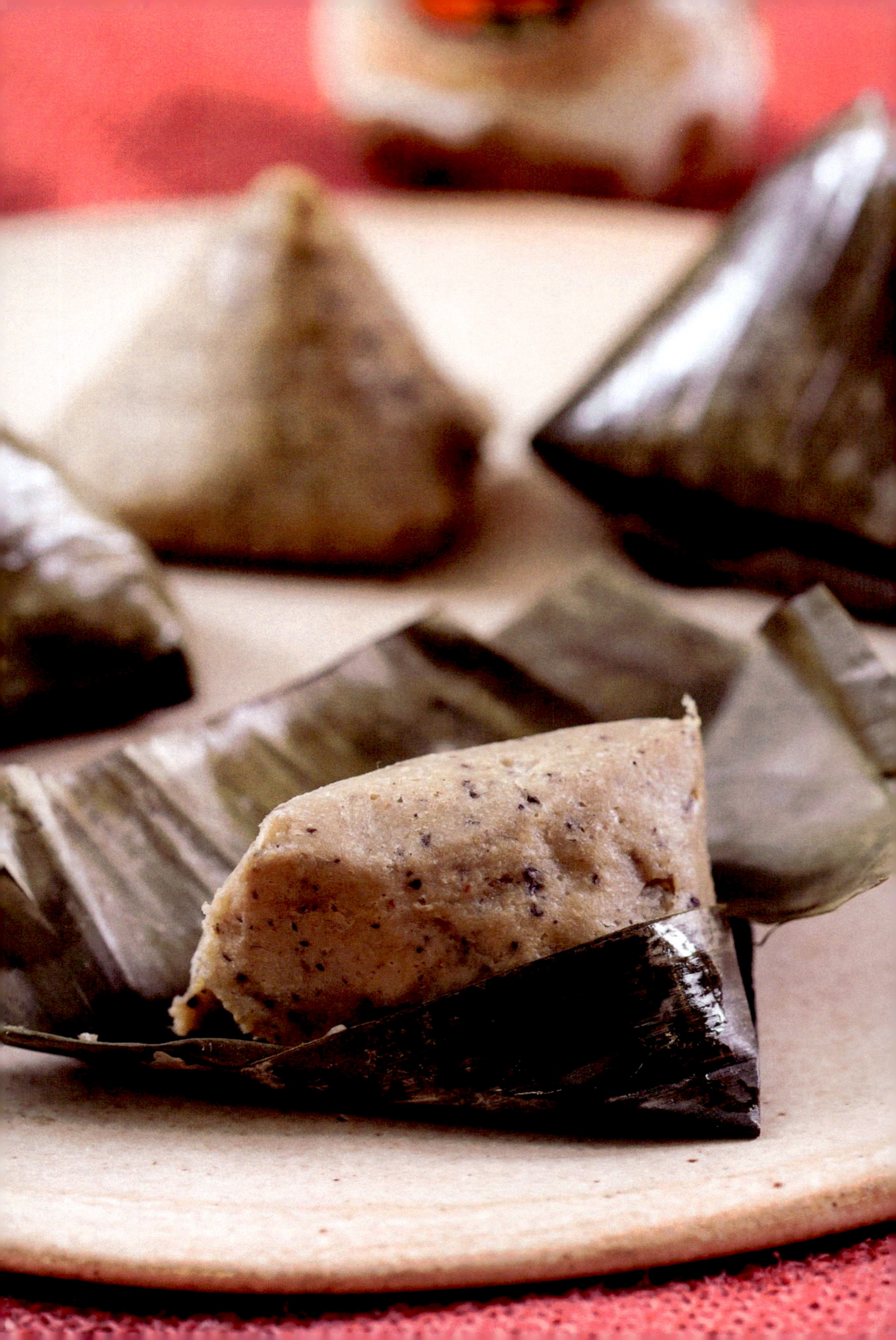

ABARÁS

Rendimento: 20 unidades
Tempo de Preparo: 1 hora e 30 minutos

Ingredientes

500g de feijão fradinho
1 cebola grande bem picada
300g de camarão seco defumado
1 colher (chá) de gengibre
100ml de azeite de dendê
10 folhas de bananeira cortadas em 10 x 20 cm
1 xícara (chá) de camarão seco defumado
1 cebola pequena bem picada
3 colheres (sopa) de azeite de dendê

Modo de Preparo

Abarás

Passe o feijão pelo moinho, processador ou liquidificador até ficar triturado. Coloque de molho na água de um dia para o outro. As cascas que soltarem na água devem ser retiradas. Em uma peneira, escorra o feijão e lave em água corrente. Reserve. Bata o feijão novamente no processador junto com a cebola, o camarão e o gengibre até ficar uma massa homogênea. Aos poucos, misture o dendê até espalhar bem a cor. Reserve. Os abarás são envoltos na folha de bananeira e deve-se fazer da seguinte forma: passe a folha da bananeira delicadamente na chama do fogo para amaciá-la, e seguida, coloque uma colher (sopa) da massa preparada na folha da bananeira. Em uma das pontas, sobreponha um lado da folha sobre o outro, depois dobre as laterais para o centro, como uma flecha. Dobre para baixo e repita a mesma operação com a outra extremidade. Depois de todos dobrados, leve os abarás para cozinharem no vapor por 30 minutos.

Molho

Passe no processador o camarão até ele virar um pó. Frite a cebola no azeite de dendê, junte o camarão e refogue por 5 minutos. Se ficar seco, coloque um pouco de água. Os abarás podem ser servidos quentes ou frios, na própria folha da bananeira. É só cortar o abará ao meio e colocar o molho a gosto.

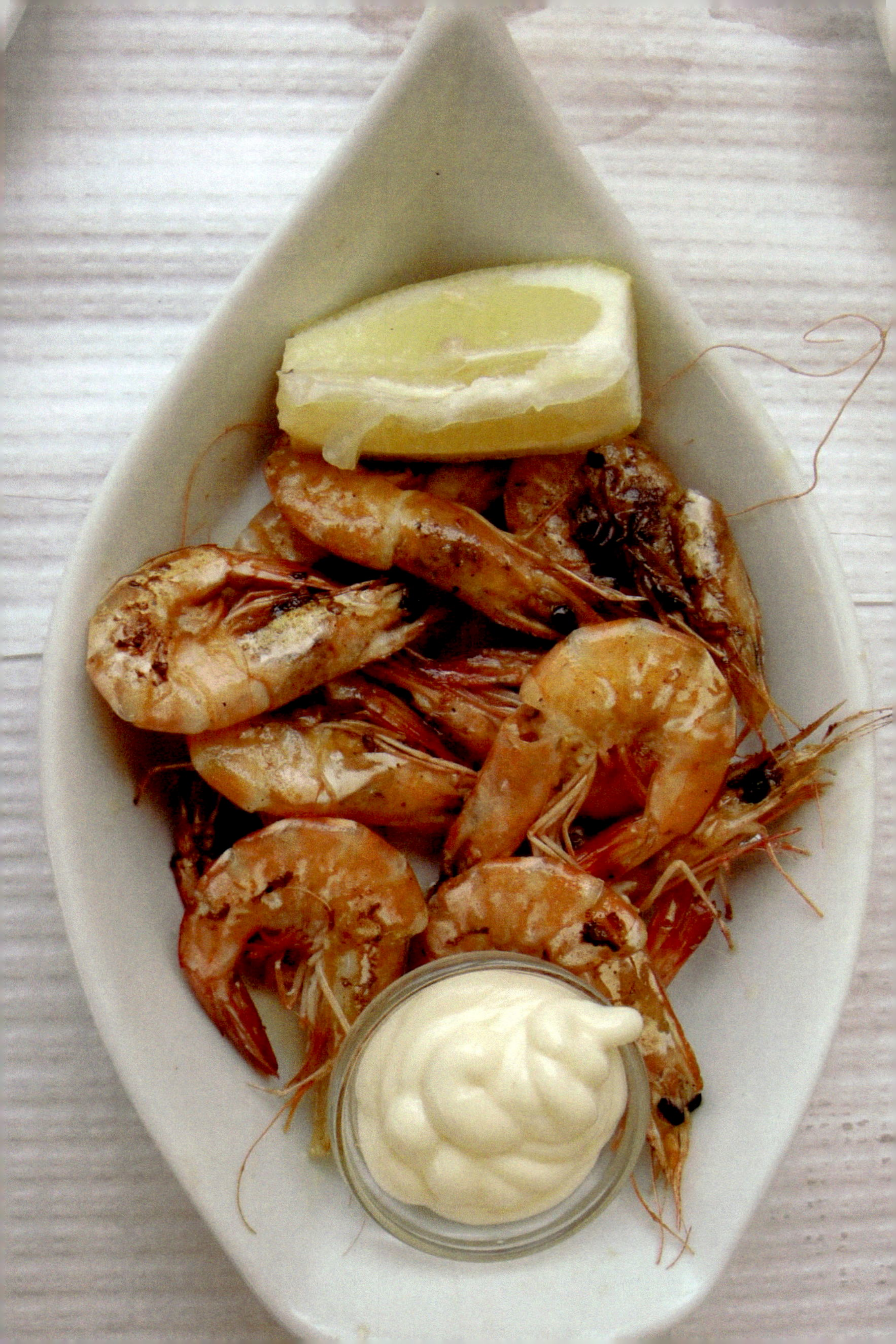

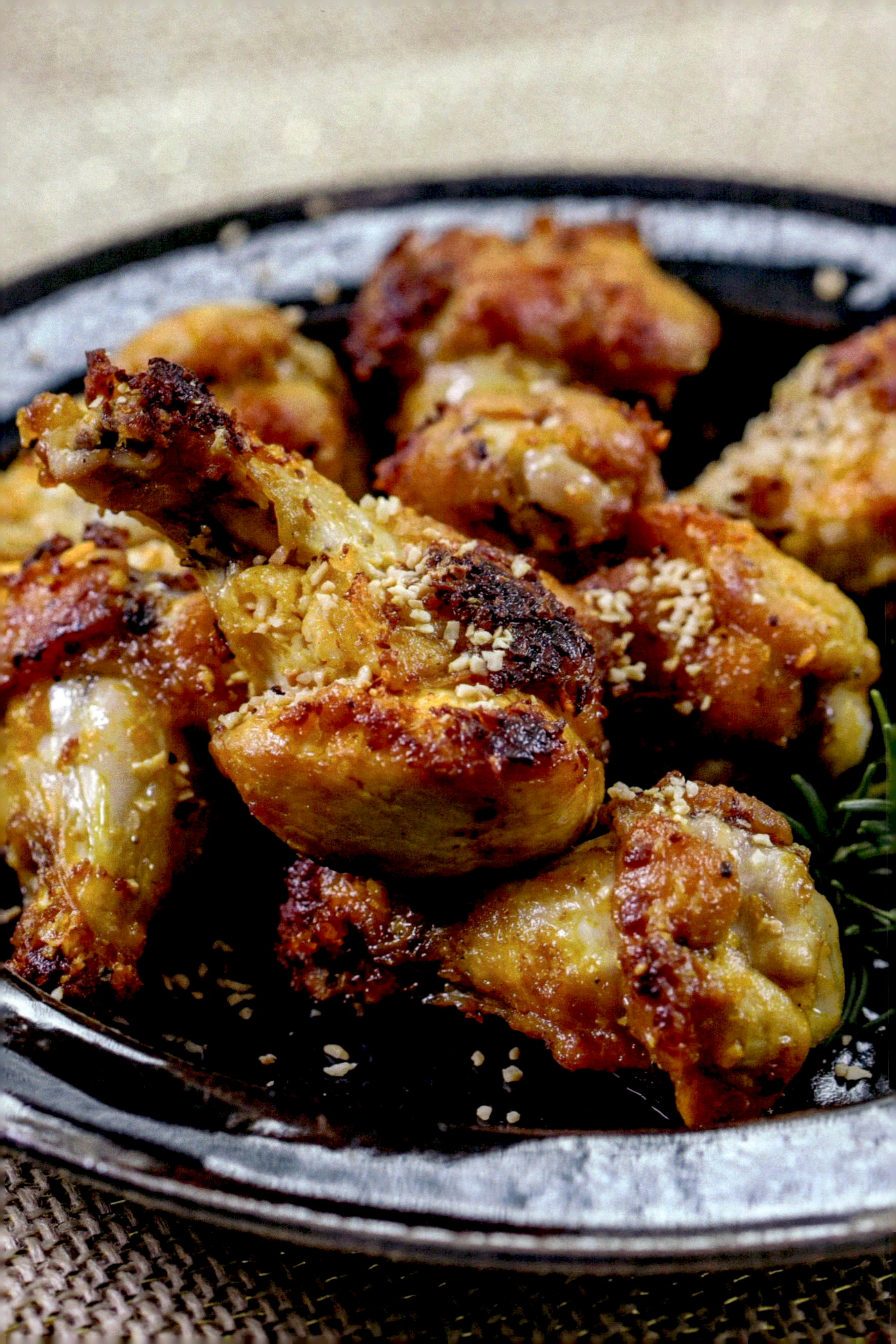

XIN XIN DE GALINHA

Rendimento: 6 porções
Tempo de Preparo: 1 hora e 20 minutos

Ingredientes

1 frango em pedaços
4 dentes de alho picados
Sal, pimenta-do-reino e coentro a gosto
1 cebola grande picada
1/2 xícara (chá) de azeite de dendê
1/2 xícara (chá) de azeite de oliva
2 tomates picados
200g de camarões secos descascados e moídos
1/2 xícara (chá) de castanha-de-caju moída
1/2 xícara (chá) de amendoim torrado e moído
1 colher (sopa) de gengibre ralado
Suco de 1 limão
2 xícaras (chá) de água

Modo de Preparo

Tempere o frango com o alho, o sal, a pimenta-do-reino, o coentro picado, a cebola e reserve na geladeira por 30 minutos para marinar. Em uma panela grande, aqueça o azeite de dendê junto com o azeite de oliva e refogue os pedaços de frango por 25 minutos, mexendo de vez em quando, até ficar macio. Adicione os tomates e deixe fritar mais um pouco. Acrescente à panela os camarões, a castanha, o amendoim, o gengibre, o suco de limão, a água e deixe cozinhar, em fogo baixo, até o frango ficar bem macio.

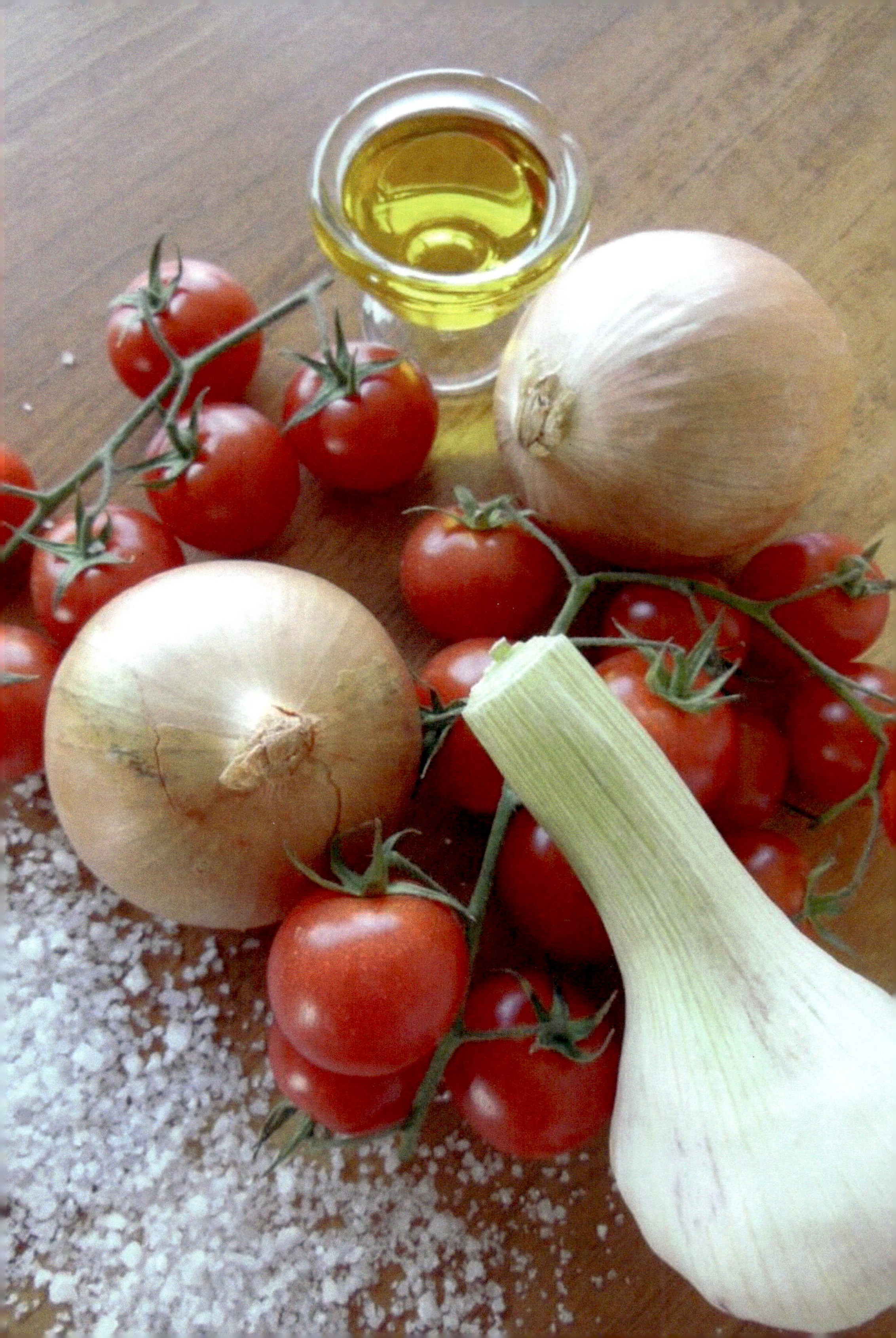

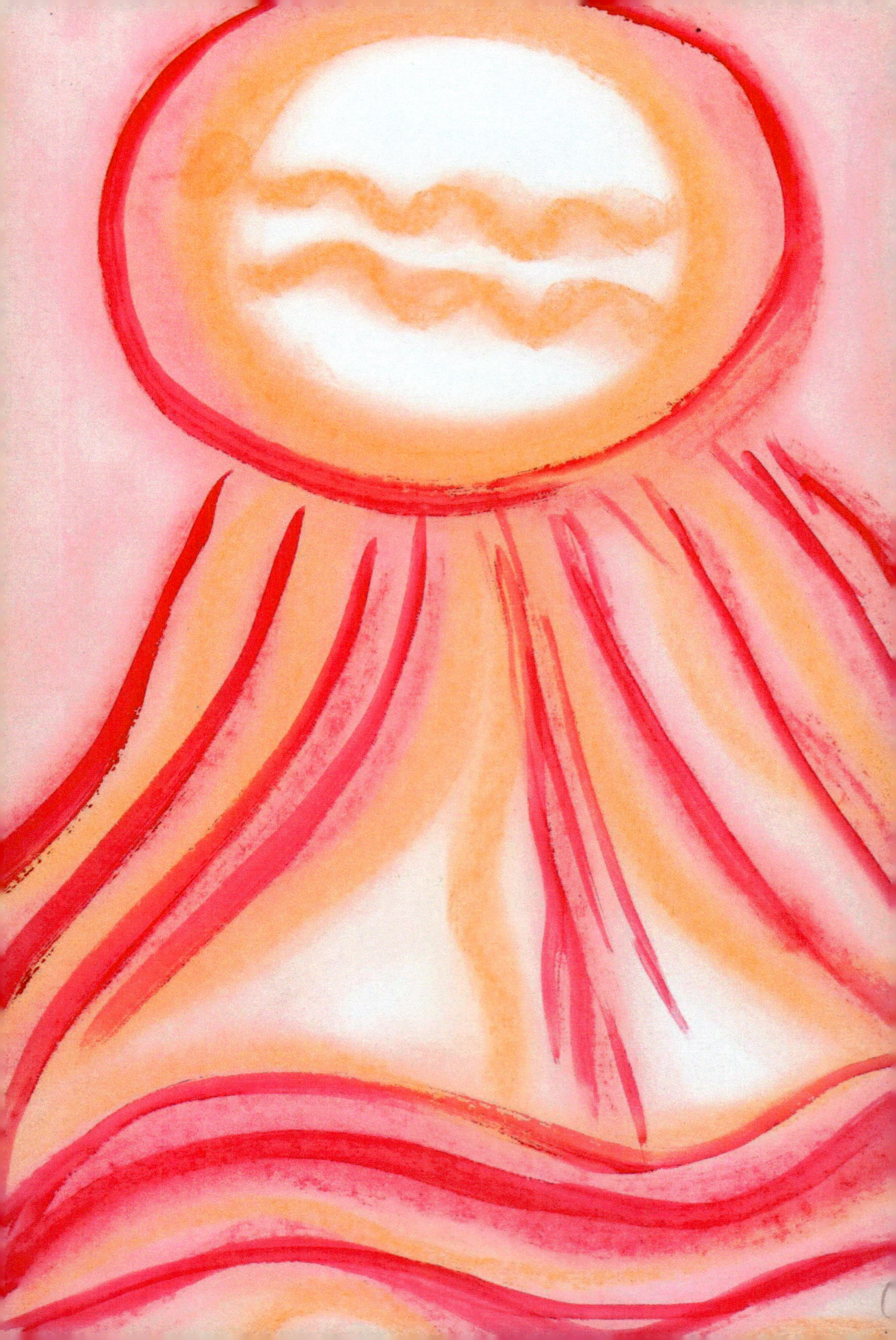

IYEWÁ

Orixá das águas profundas, que quanto mais escuras forem, mais ela enxerga. É Iyewá quem separa o mundo invisível do nosso mundo, cabendo a ela todas as coisas belas e misteriosas, como a névoa da manhã. Iyewá não come galinha; quando acontece, prefere a *etu*.

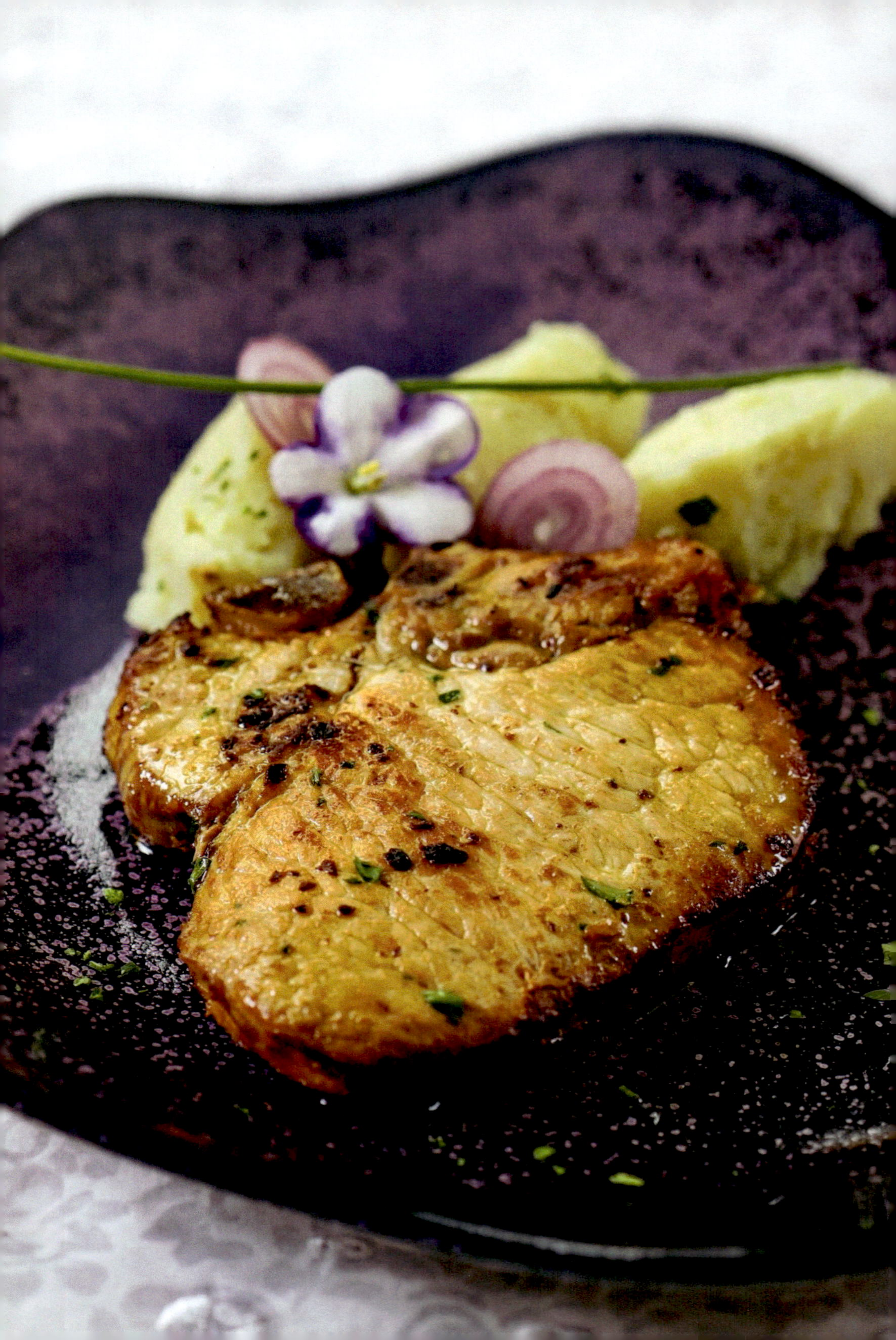

Picadinho de Lombo com Purê de Batata Doce

Rendimento: 2 porções
Tempo de Preparo: 40 minutos

Ingredientes

6 colheres (sopa) de azeite extra virgem

20g de manteiga

300g de lombo de porco picado

50g de cebola picada

2 dentes de alho picados

Sal e pimenta-do-reino moída na hora

1 colher (sopa) de colorau

30g de salsa picada

1 tomate picado

200ml de caldo de legumes

2 batatas doce roxas cozidas com casca e cortadas em rodelas

Modo de Preparo

Em uma frigideira, coloque o azeite e a manteiga. Junte o lombo e frite por, aproximadamente, 3 minutos, mexendo devagar. Adicione a cebola e o alho e tempere com o sal e a pimenta-do-reino. Refogue por alguns minutos e acrescente o colorau, a salsa e o tomate. Junte o caldo de legumes para que fique bem úmido. Deixe reduzir por uns 4 minutos em fogo baixo. Desligue e sirva com a batata roxa.

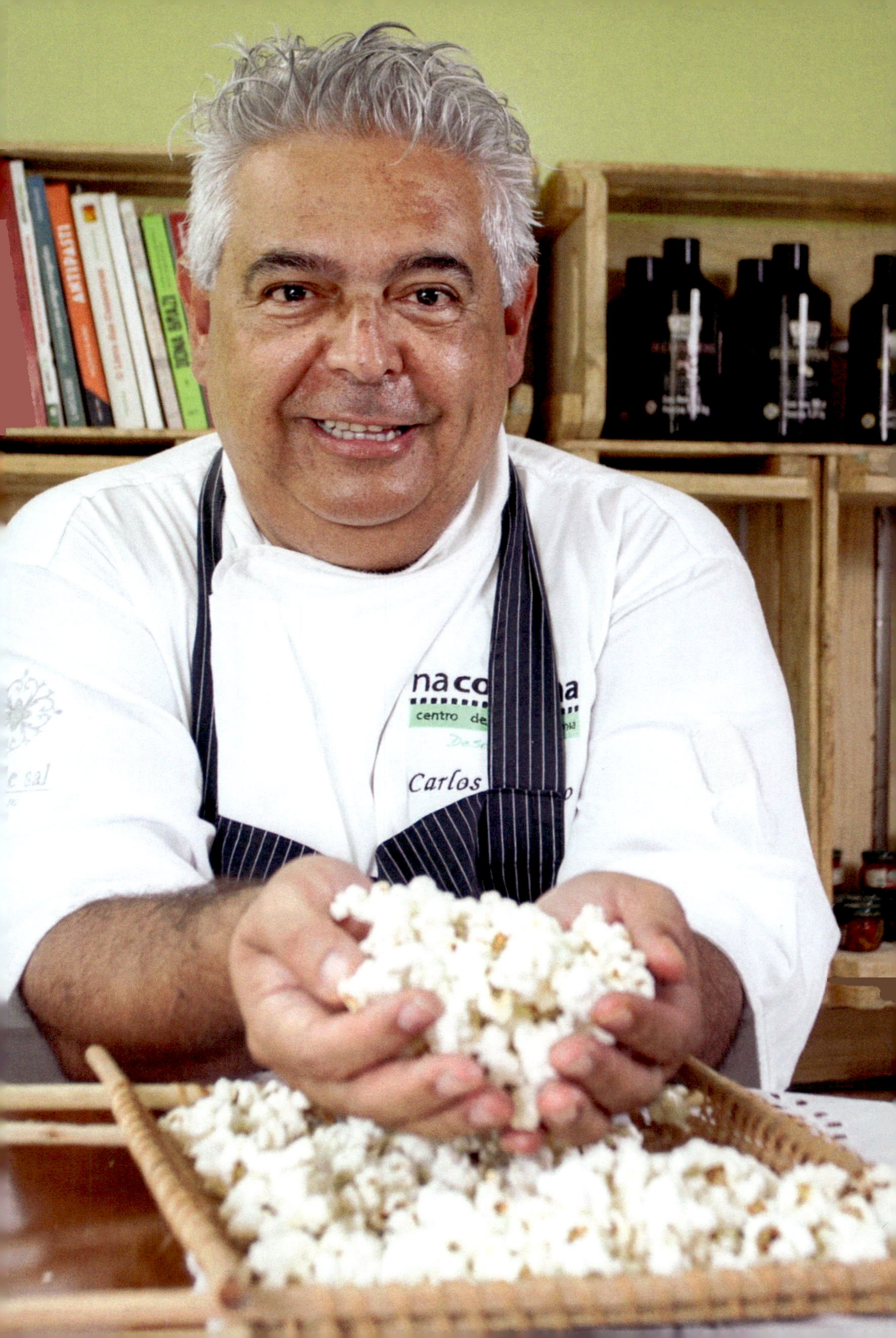
ANTIPASTI
Carlos

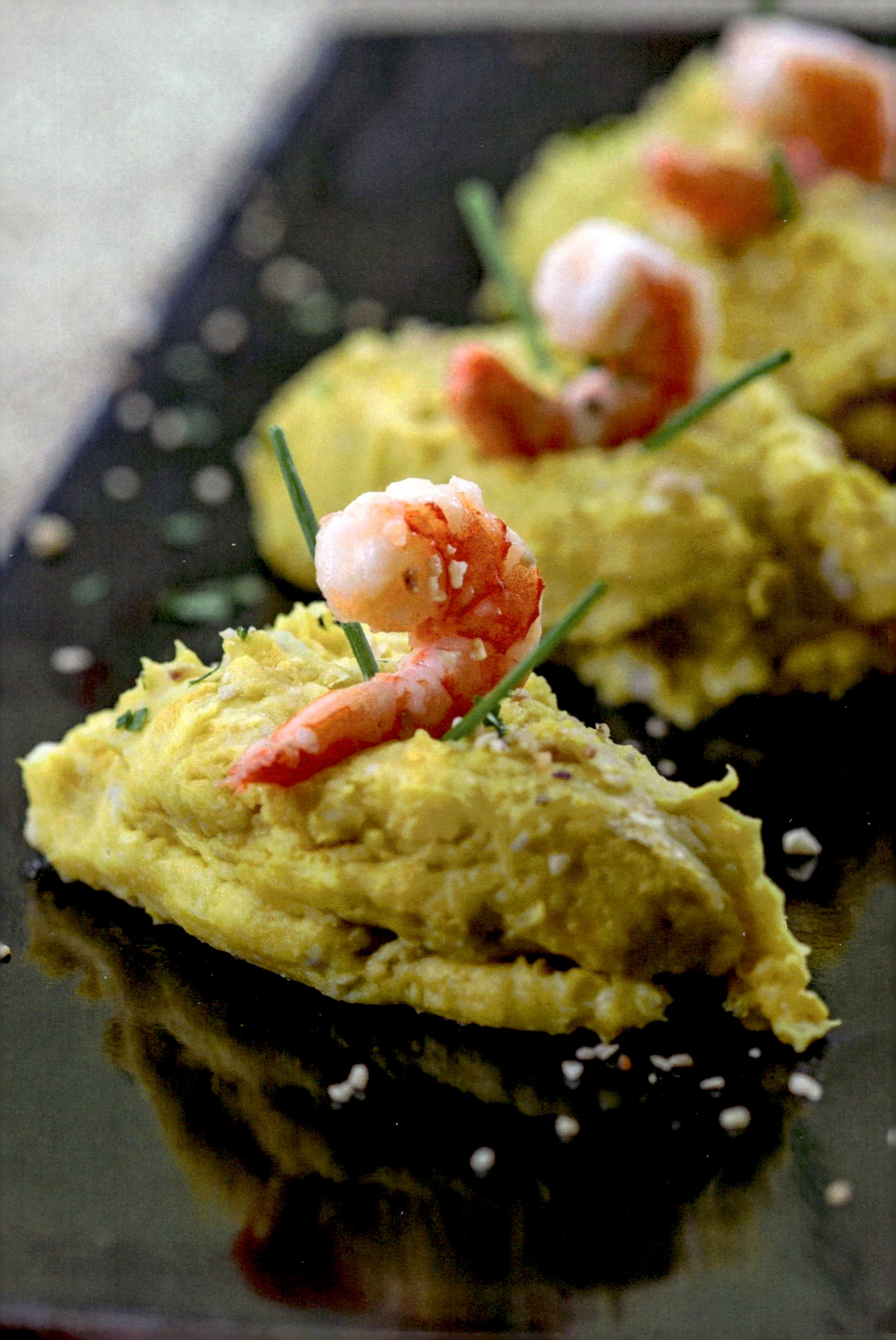

Vatapá de Camarão

Rendimento: 6 porções
Tempo de Preparo: 1 hora

Ingredientes

1,5kg de camarões secos
100g de amendoim torrado e sem a pele
100g de castanha-de-caju
6 pães franceses
1 litro de leite de coco
1/2 maço de coentro
1 cebola picada
1/2 maço de cheiro-verde
1 colher (sobremesa) de gengibre ralado
10 colheres (sopa) de azeite de dendê
6 colheres (sopa) de azeite de oliva
Sal a gosto

Modo de Preparo

Limpe os camarões, retirando a calda e a cabeça. Bata metade dos camarões no liquidificador junto com o amendoim e a castanha-de-caju até virar uma farofa homogênea. Reserve. Pique os pães e dissolva em metade do leite de coco. Coloque o restante do leite de coco em uma panela. Bata o coentro, a cebola, o cheiro-verde e o gengibre no liquidificador. Coloque a panela com o leite de coco no fogo e acrescente os pães umedecidos, os temperos batidos e a farofa de camarão reservada. Mexa durante todo o tempo para não empelotar. Acrescente o azeite de dendê, o azeite de oliva, a outra metade dos camarões inteiros e o sal. Continue a mexer até ferver bem. O vatapá deve ficar com uma consistência firme, porém bem cremosa. Dica: Se ficar muito duro, acrescente mais leite de coco, se ficar muito mole, acrescente um pouco de farinha de trigo ou pão.

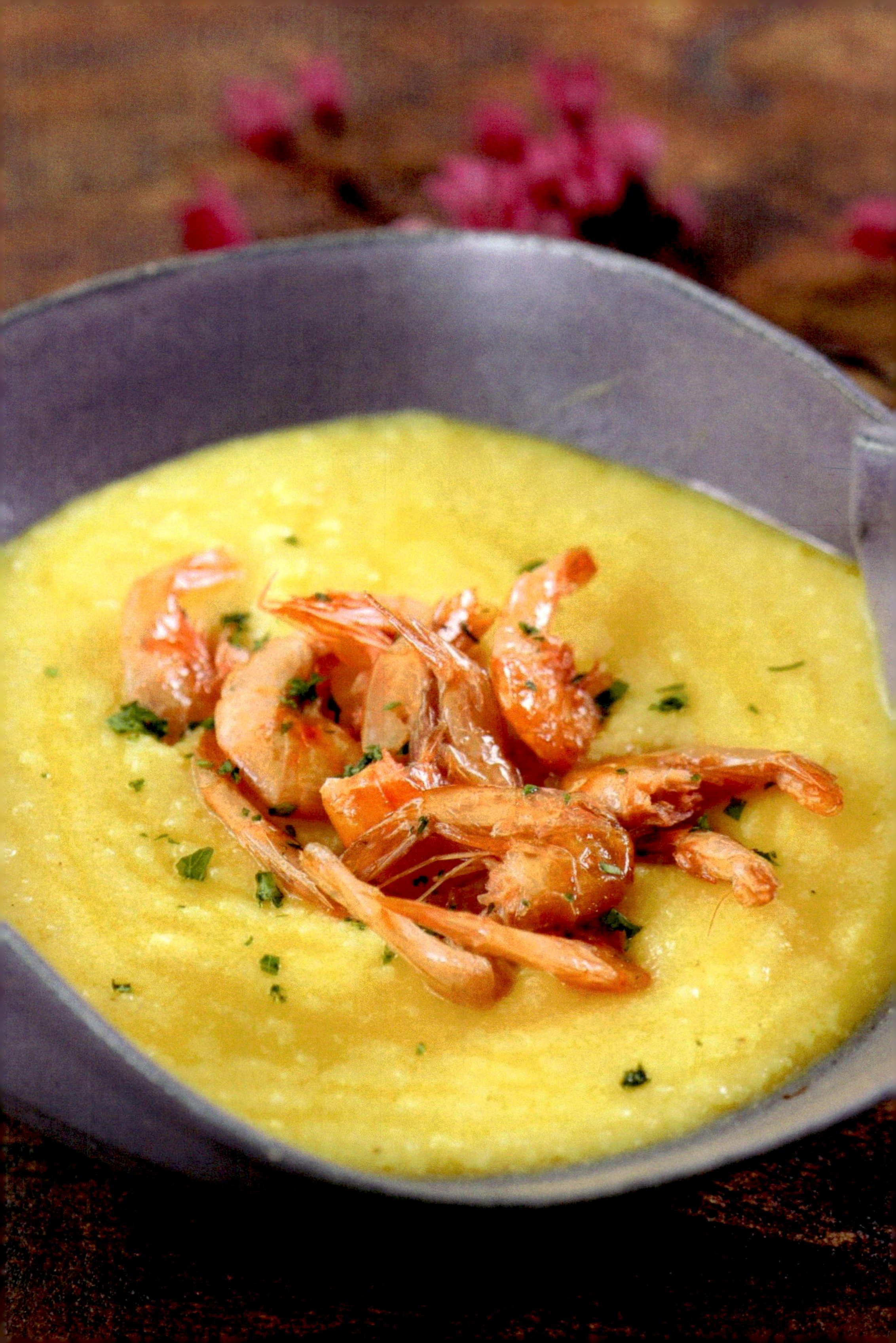

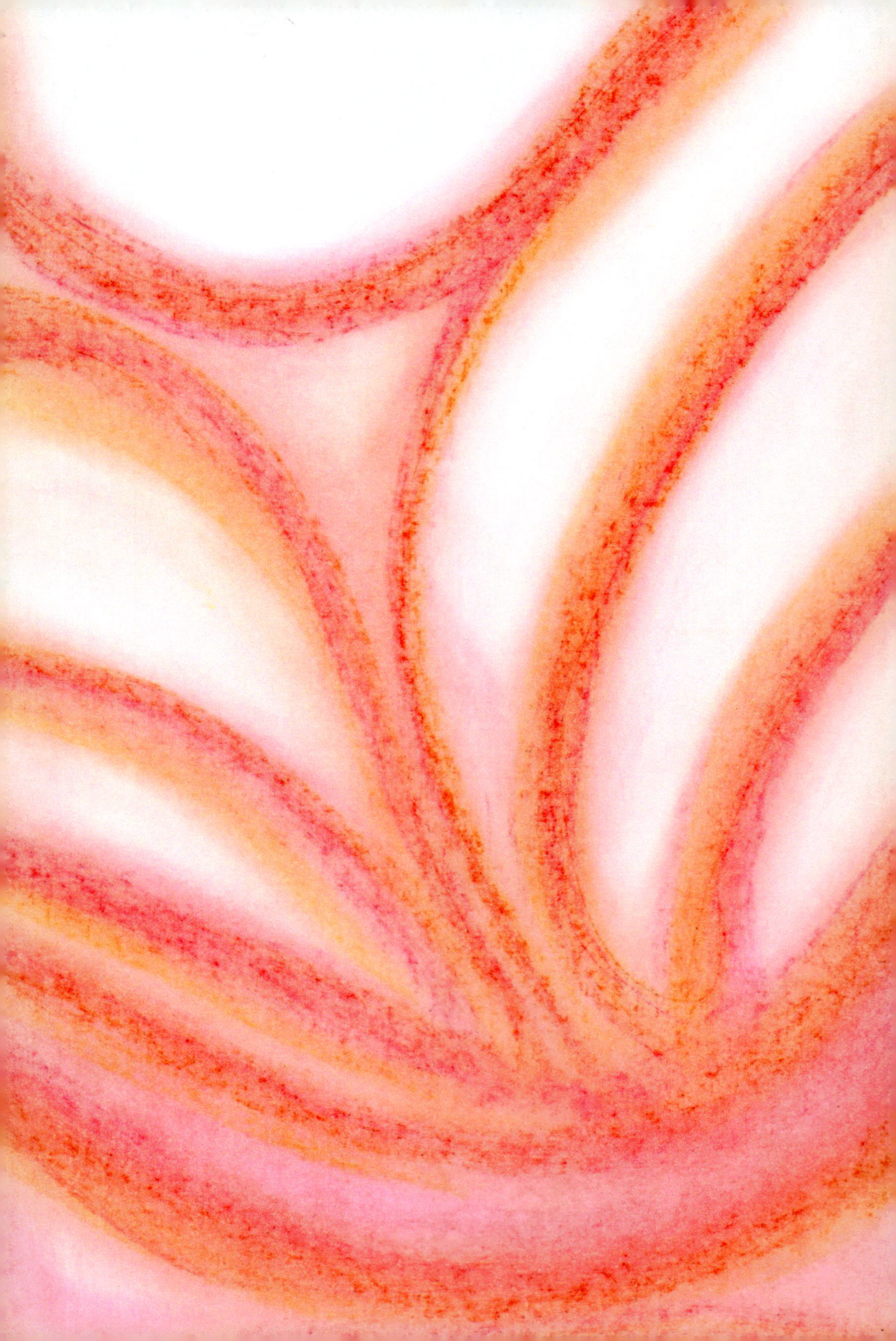

IANSÃ

É a dona do mercado. Embora esteja diretamente ligada às águas, é o orixá que "toca fogo na casa", elemento que divide com Exu. Aparece também como caçadora e por está associada ao "mundo invisível" é comum se ouvir que Iansã comanda os ventos.

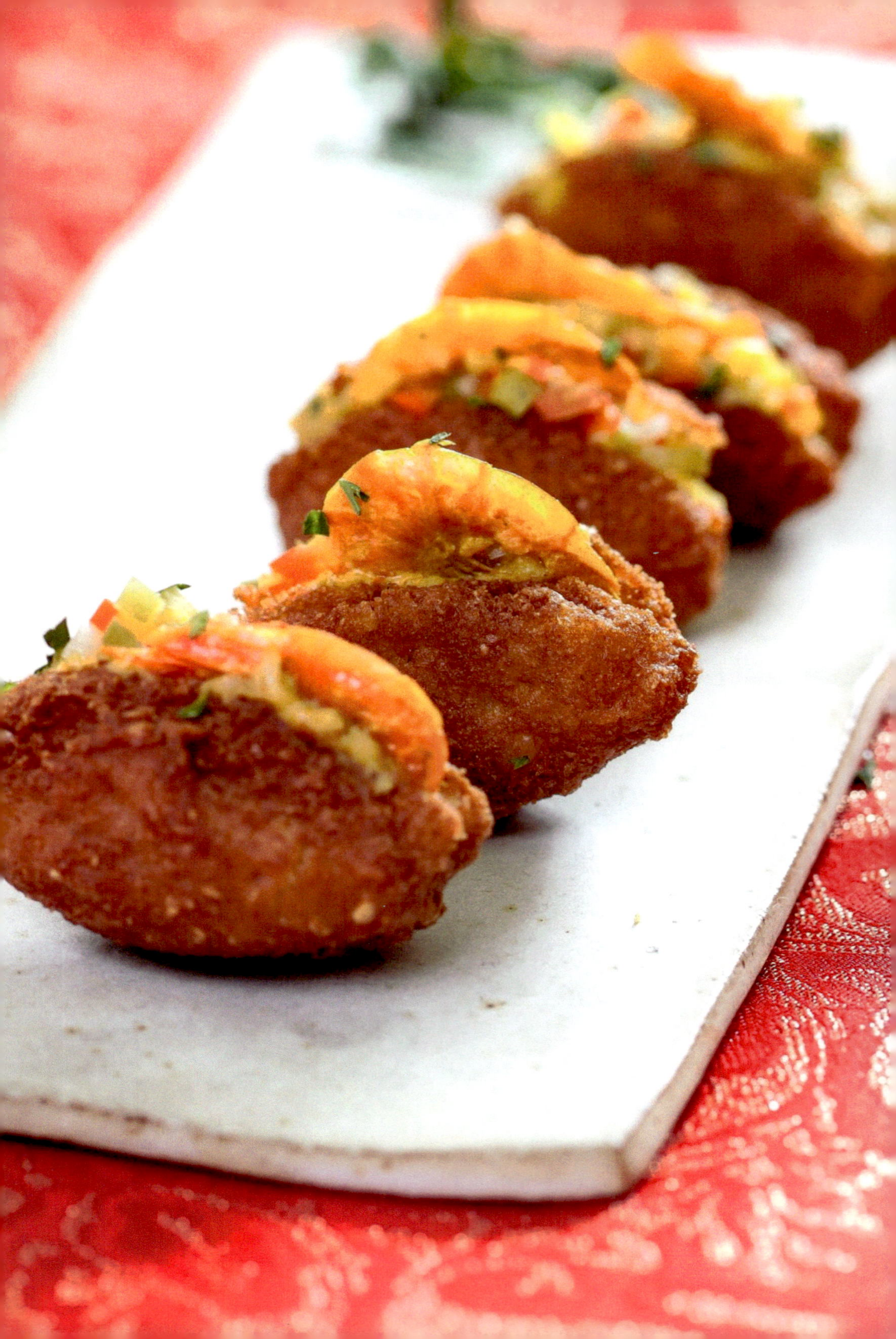

Acarajés

*Rendimento: 20 bolinhos de acarajé
Tempo de Preparo: 1 hora e 30 minutos*

Ingredientes

*500g de feijão fradinho
500g de cebola
1 litro de azeite de dendê*

Modo de Preparo

Triture o feijão no processador de alimentos (ou pilão) e coloque-o de molho por 30 minutos. Retire as cascas que sobraram e escorra. Coloque-os no processador novamente e triture o feijão junto com a cebola cortada em pedaços. Bata até formar uma massa firme. Despeje em uma tigela e bata a massa com uma colher de pau até formar bolhas. Tempere com sal a gosto. Em uma frigideira, coloque o dendê e deixe aquecer bem. Com uma colher, vá formando os bolinhos e fritando até dourar. Sirva em um alguidar.

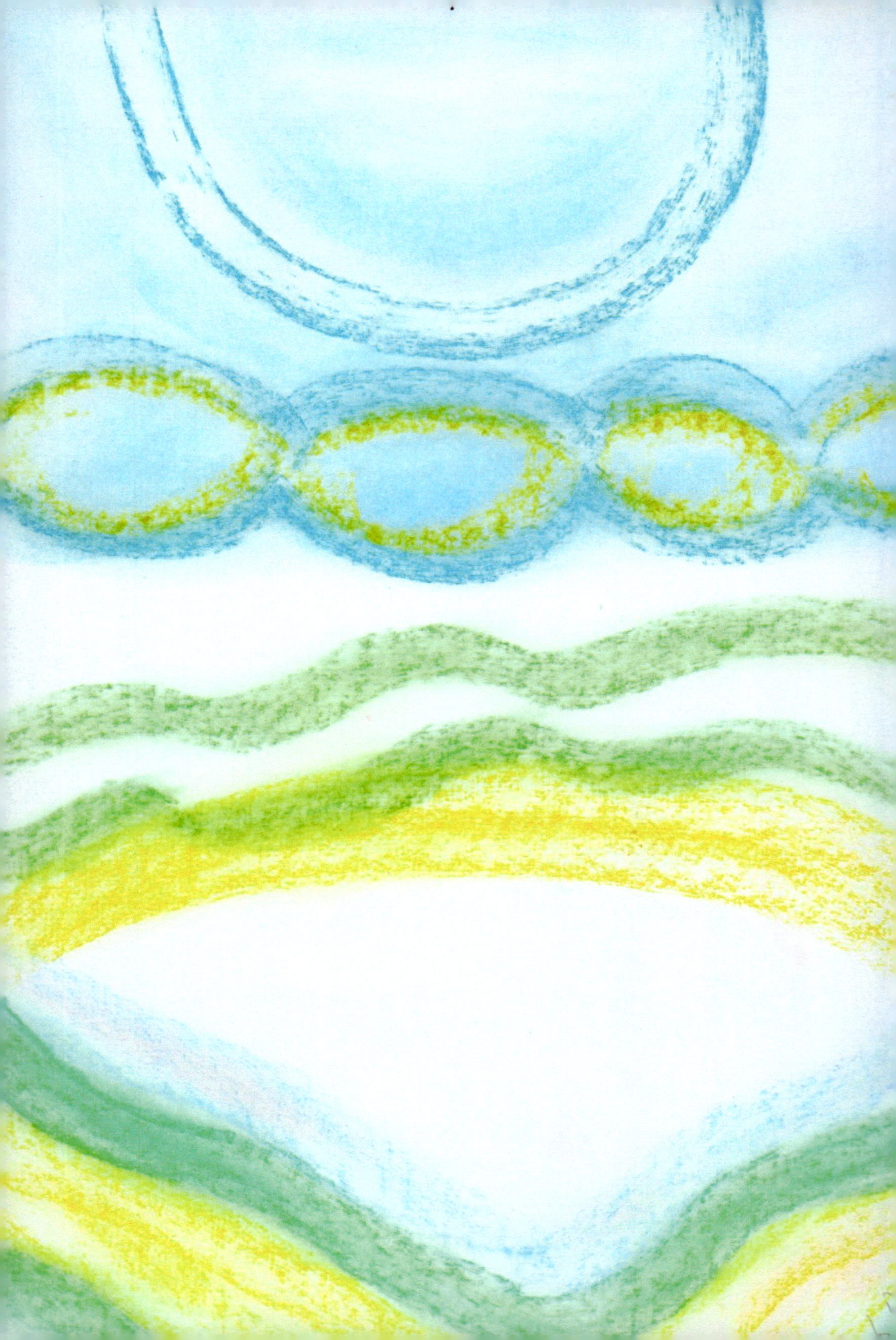

LOGUNEDÉ

Chamado de "Orixá criança que velho respeita", ele é o leito sobre o qual os rios correm. Esguio e ligeiro como seu pai, Oxóssi, também é um caçador. Filho de Oxum, vive na terra e nas águas. Recebe as comidas de ambos, pai e mãe, mas também come peixes de água doce, sua preferência.

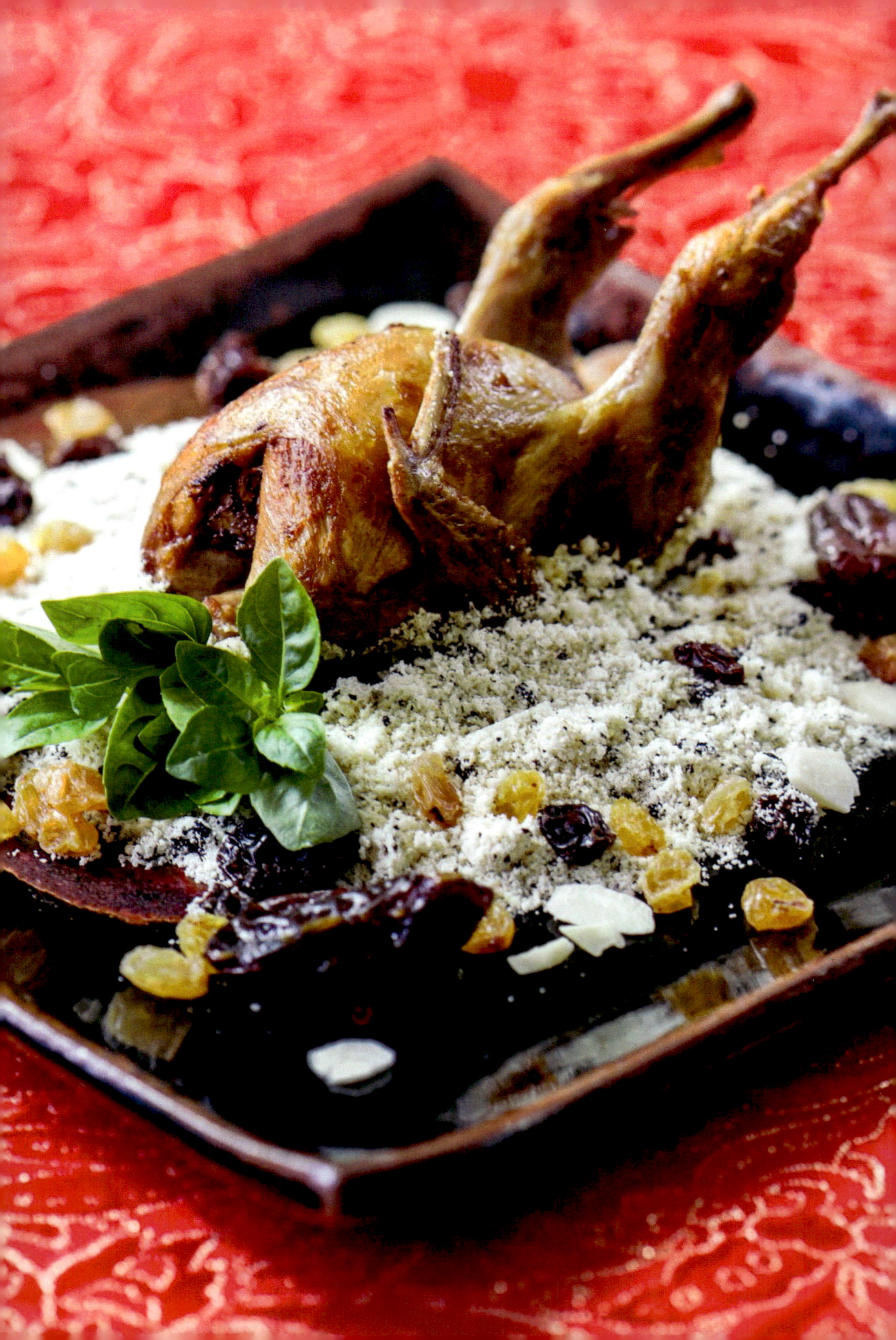

CODORNA RECHEADA & FRUTAS CRISTALIZADAS

Rendimento: 6 porções
Tempo de Preparo: 1hora e 20 minutos

Ingredientes

Para as codornas

6 codornas limpas

1 colher (sopa) de manteiga sem sal

1 xícara (chá) de suco de laranja

Para a farofa

2 colheres (sopa) de manteiga

1 cebola pequena

2 dentes de alho picados

1 xícara (chá) de bacon picado

1 colher (sopa) de azeitonas verdes

1 xícara (chá) de frutas cristalizadas

1 xícara (chá) de nozes picadas

2 xícaras (chá) farinha de mandioca

4 colheres (sopa) de salsa picada

Modo de Preparo

Codornas

Descongele as codornas conforme instruções da embalagem. Coloque-as em uma assadeira, besunte-as com a manteiga e regue-as com o suco de laranja. Cubra com papel-alumínio e leve ao forno médio (220 °C), preaquecido por, aproximadamente, 1hora. Retire o papel-alumínio e deixe no forno o suficiente para dourar.

Farofa

Leve uma frigideira ao fogo e aqueça a manteiga. Junte a cebola, o alho, o bacon e frite até dourar. Em seguida acrescente as azeitonas, as frutas cristalizadas, as nozes e misture bem. Adicione a farinha de mandioca e tempere com a pimenta-do-reino. Desligue o fogo, junte a salsa e misture novamente. Coloque a farofa dentro das codornas e feche com um palito. Se não quiser rechear as codornas, pode colocar a farofa em um prato e as codornas por cima dela. Decore com as frutas cristalizadas e sirva a seguir.

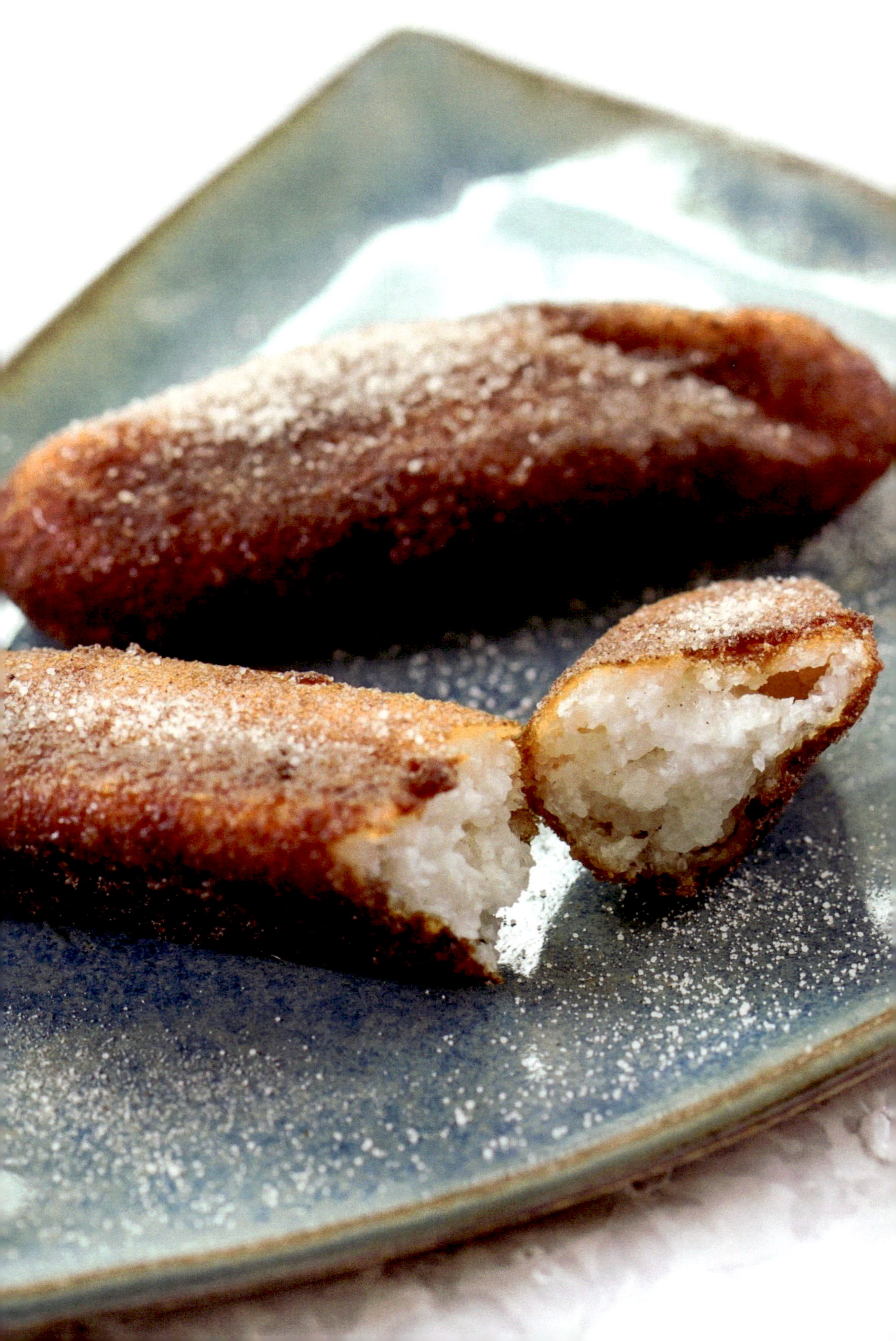

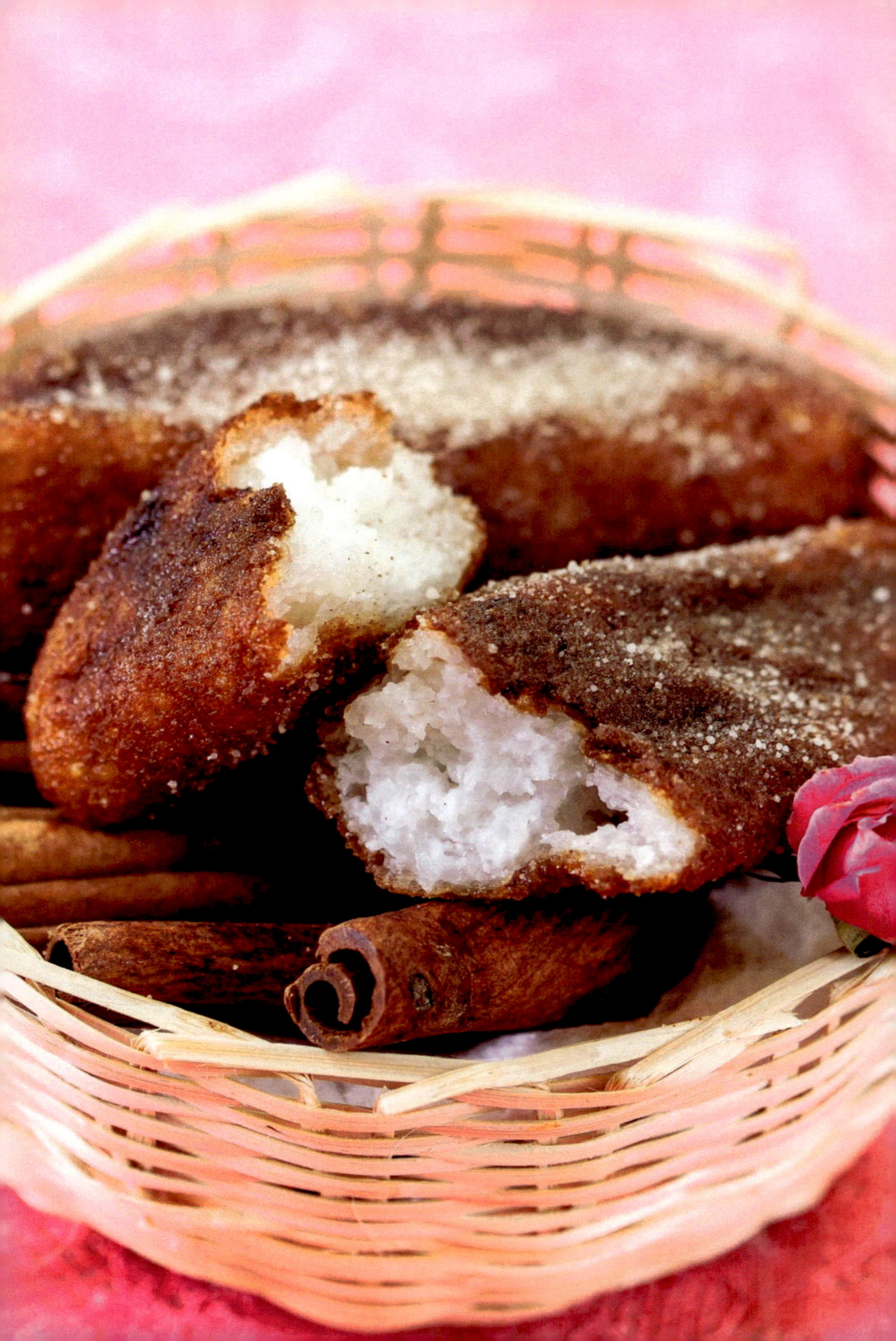

BOLINHO DE ESTUDANTE

Rendimento: 20 unidades
Tempo de Preparo: 1 hora e 30 minutos

Ingredientes

1 xícara (chá) de tapioca granulada
1/2 xícara (chá) de água quente
1/2 xícara (chá) de coco seco ralado
1 xícara (chá) de açúcar
1/2 xícara (chá) de leite de coco
Óleo para fritar
1 xícara (chá) de açúcar
2 colheres (sopa) de canela em pó

Modo de Preparo

Misture todos os ingredientes da massa, menos o óleo, em uma vasilha e deixe descansar por 30 minutos. Faça bolinhos em formato de quibe, frite sob imersão no óleo quente, escorra, polvilhe a mistura de açúcar com canela e sirva ainda quente.

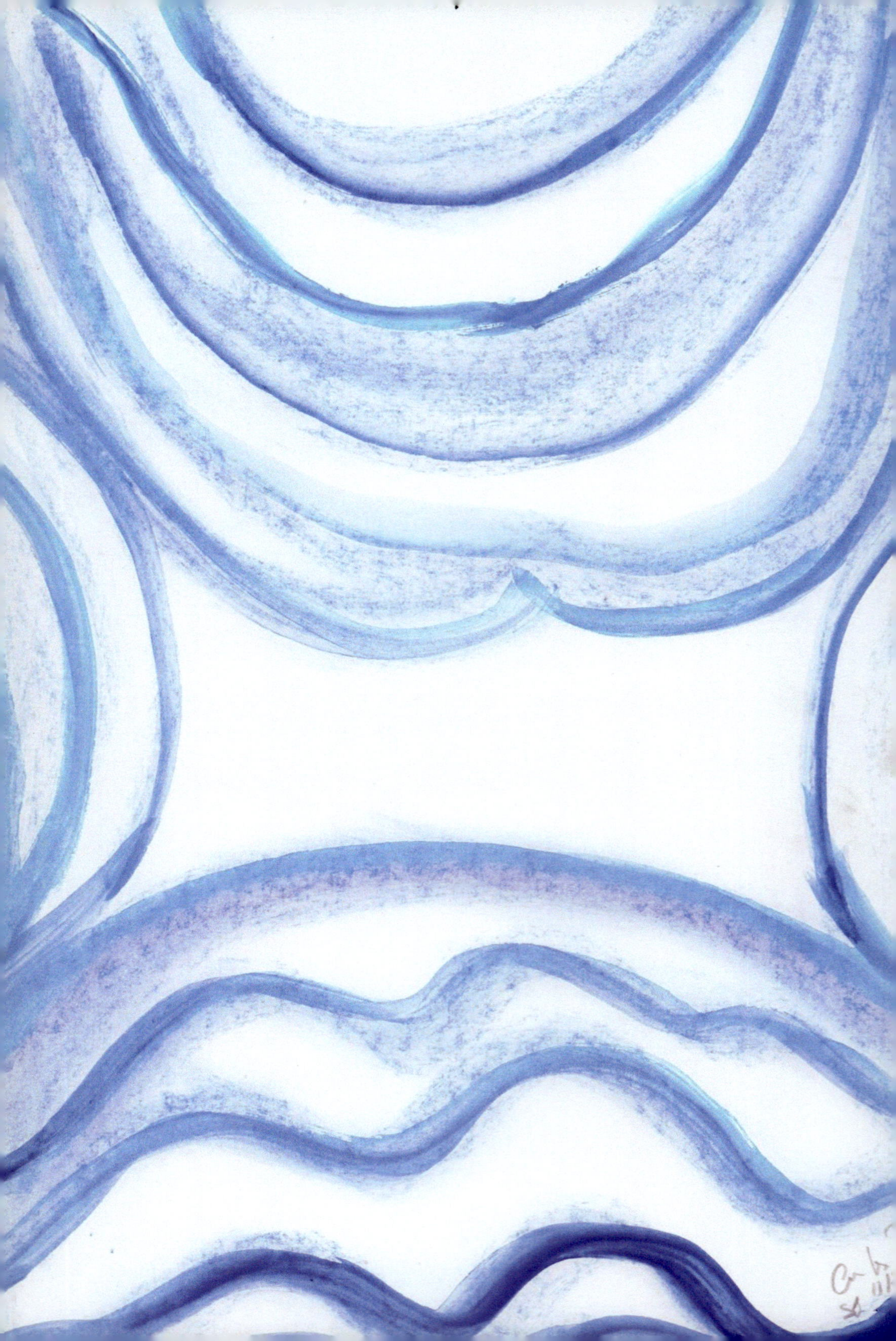

IEMANJÁ

Diz-se que é a mãe de todos os Orixás, seja por nascimento ou por adoção. Senhora de todas as águas salgadas, os mares se formaram a partir do lamento de seus seios. Nas Américas tornou-se a Orixá nagô mais cultuada.

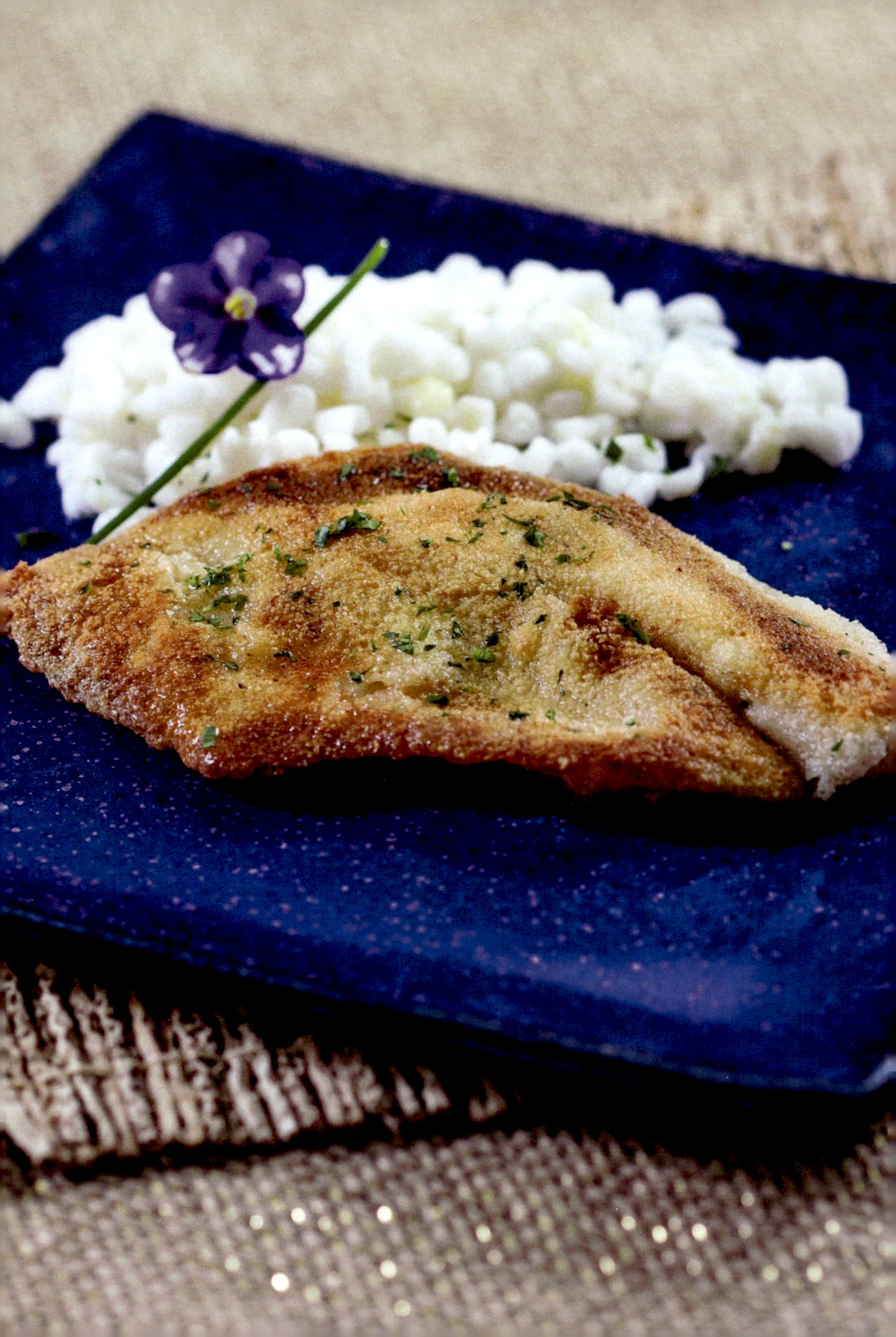

Pescada com Canjica

Criação do chef inspirada na Cozinha Sagrado

Rendimento: 6 porções
Tempo de Preparo: 50 minutos

Ingredientes

Para o peixe

6 filés de pescada ou salmão

200g de farinha de mandioca

1 colher (sopa) de manteiga

6 colheres (sopa) de azeite de oliva

Sal e pimenta-do-reino a gosto

Para a canjica

1 cebola picada

6 colheres (sopa) de azeite de oliva

1 folha de louro

1 xícara (chá) de canjica branca

Modo de Preparo

Peixe

Tempere os filés de peixe com sal e pimenta-do-reino e, em seguida, empane o filé na farinha de mandioca. Reserve na geladeira. Para fritar coloque a manteiga e o azeite em uma frigideira e deixe aquecer. Coloque, com cuidado, os filés e deixe fritar, em fogo médio, por 3 minutos de cada lado.

Canjica Branca

Em uma panela de pressão, refogue primeiro a cebola, o sal, a pimenta-do-reino e o louro. Coloque a canjica branca, cubra com água, quatro dedos acima da canjica. Tampe a panela de pressão e deixe cozinhar por 20 minutos contados após o início da pressão. Retire a pressão e verifique o cozimento. Sirva o peixe com a canjica.

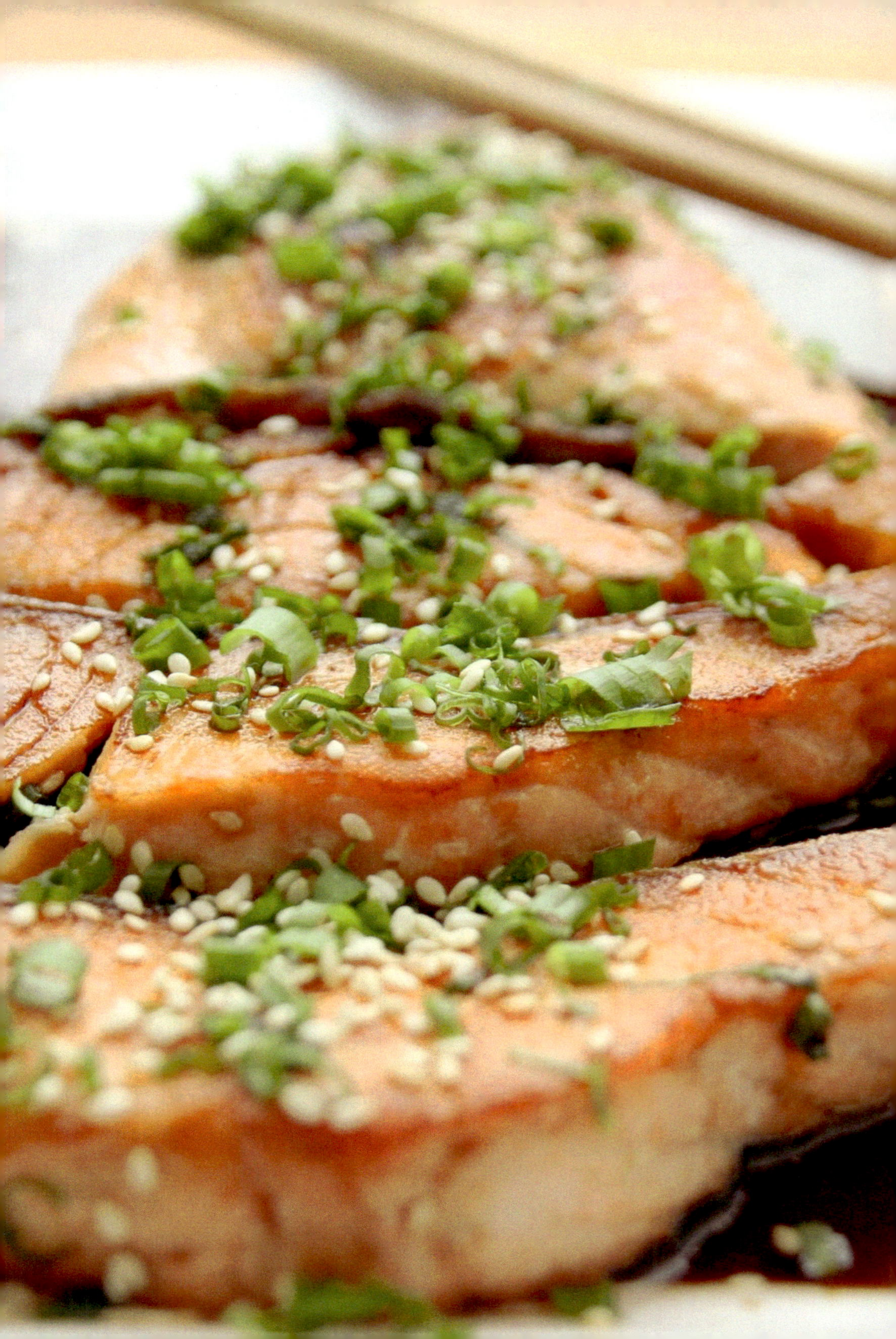

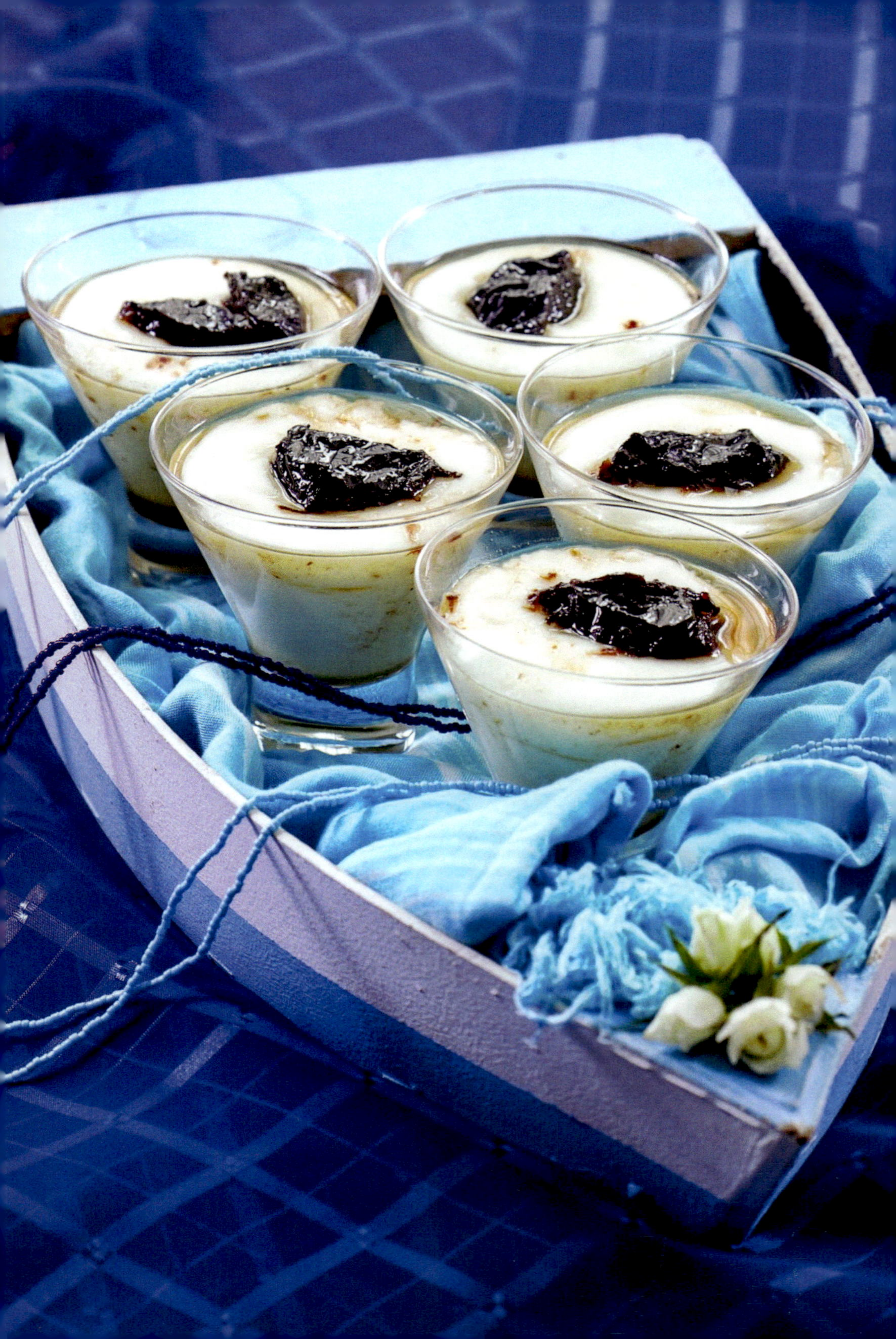

Manjar de Coco

Rendimento: 20 porções
Tempo de Preparo: 50 minutos

Ingredientes

Para o manjar

1 litro de leite

8 colheres (sopa) de farinha de arroz

1 xícara (chá) de açúcar

1 xícara (chá) de leite de coco

150g de coco ralado

Para a calda

2 xícaras (chá) de ameixa sem caroço

250ml de água

1 xícara (chá) de açúcar

Modo de Preparo

Manjar

Em uma panela, coloque uma parte do leite. Em seguida, coloque a farinha de arroz, já dissolvida no leite restante. Junte o açúcar e misture bem. Acrescente o leite de coco e o coco ralado. Misture bem, em fogo baixo, e deixe engrossar. Despeje em uma forma para pudim untada com óleo ou azeite e leve à geladeira por 2 horas. Verifique se está firme e desenforme.

Calda

Em uma panela, coloque as ameixas, o açúcar e a água. Deixe cozinhando até que a calda engrosse. Espere esfriar e decore o manjar.

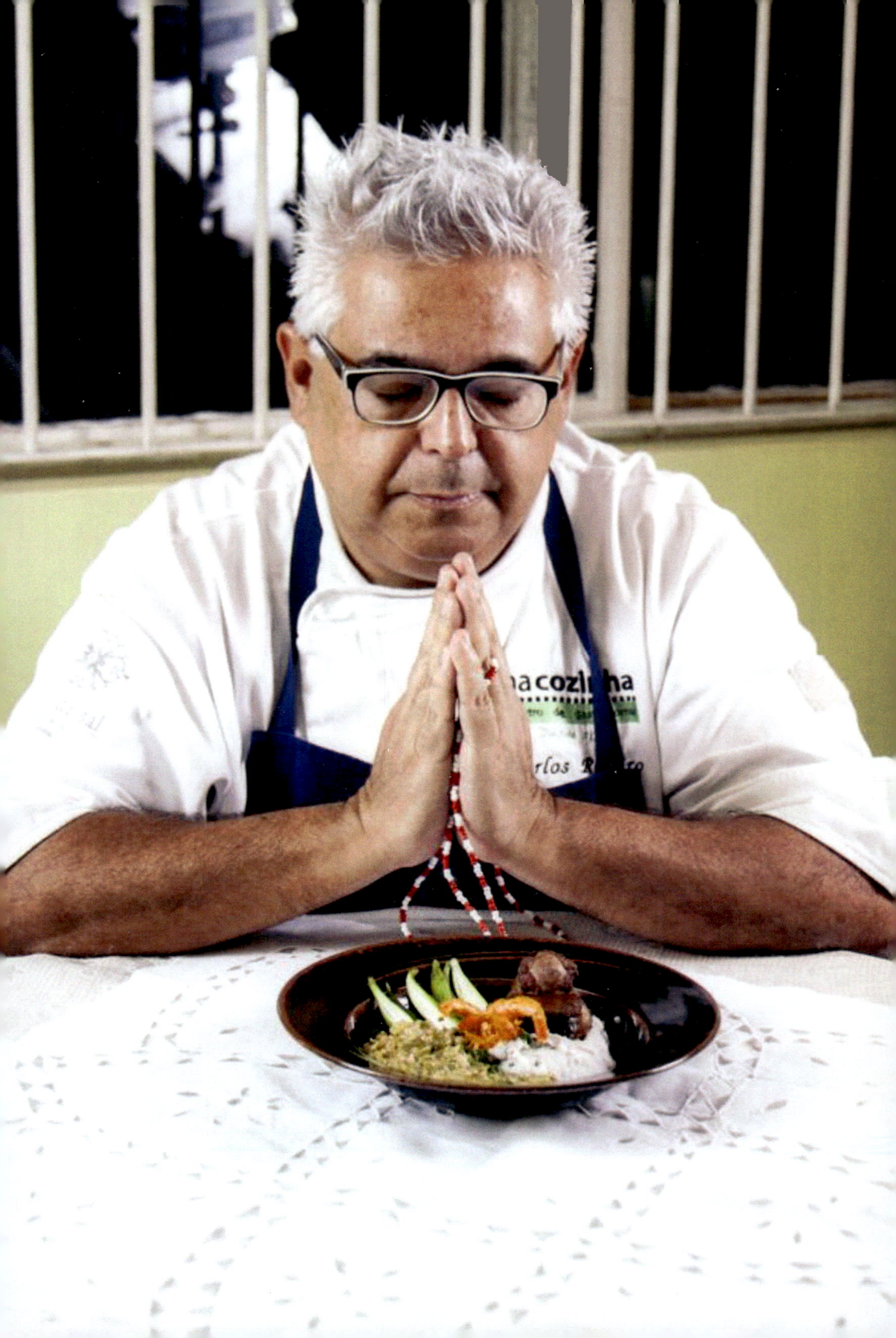

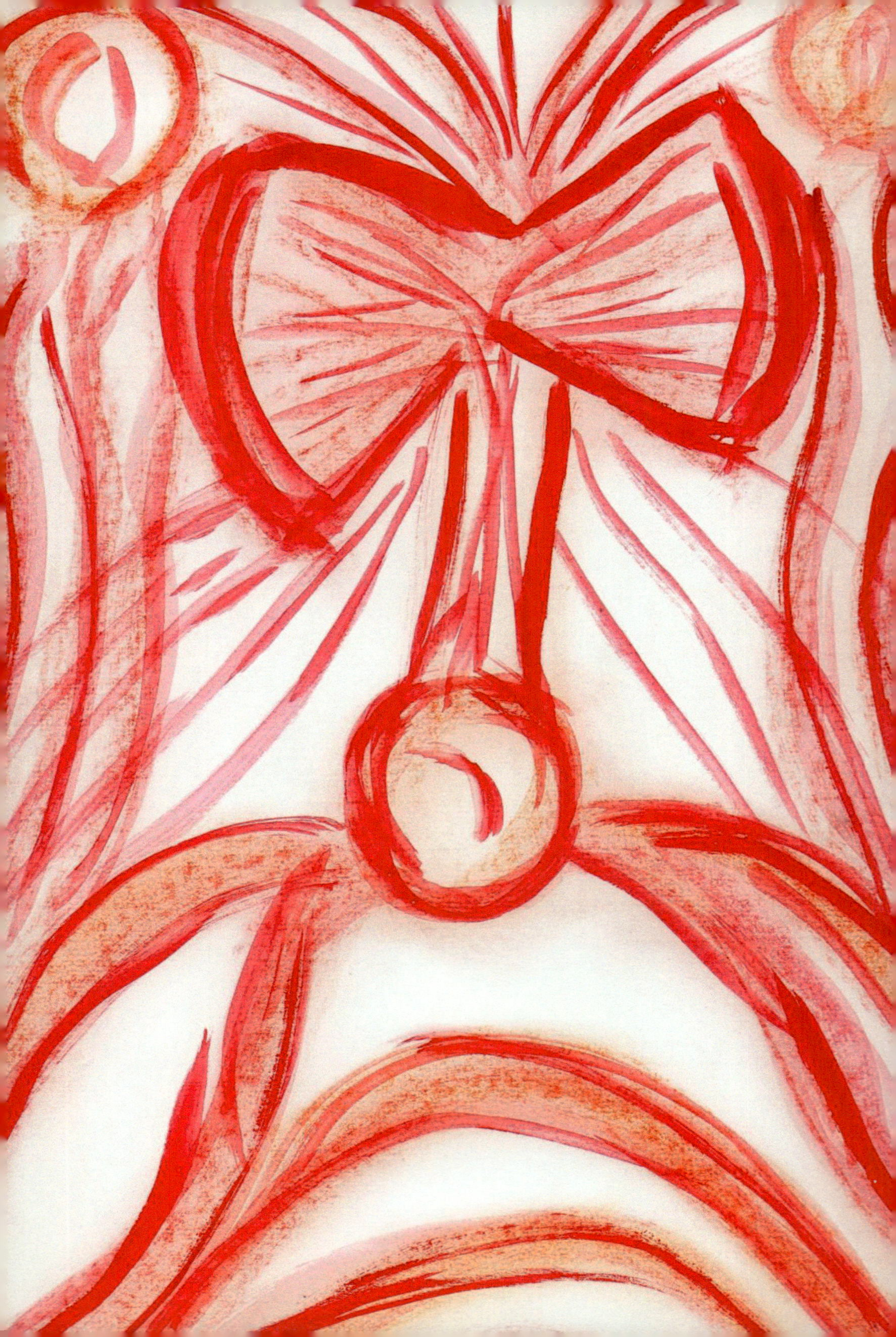

XANGÔ

É o grande rei de Oyó, senhor de todas as dinastias. Orixá da boa festa, da boa mesa e da alegria. Princípio ancestral que está presente em todas as comemorações é, ao mesmo tempo, o próprio fogo que abranda e incendeia.

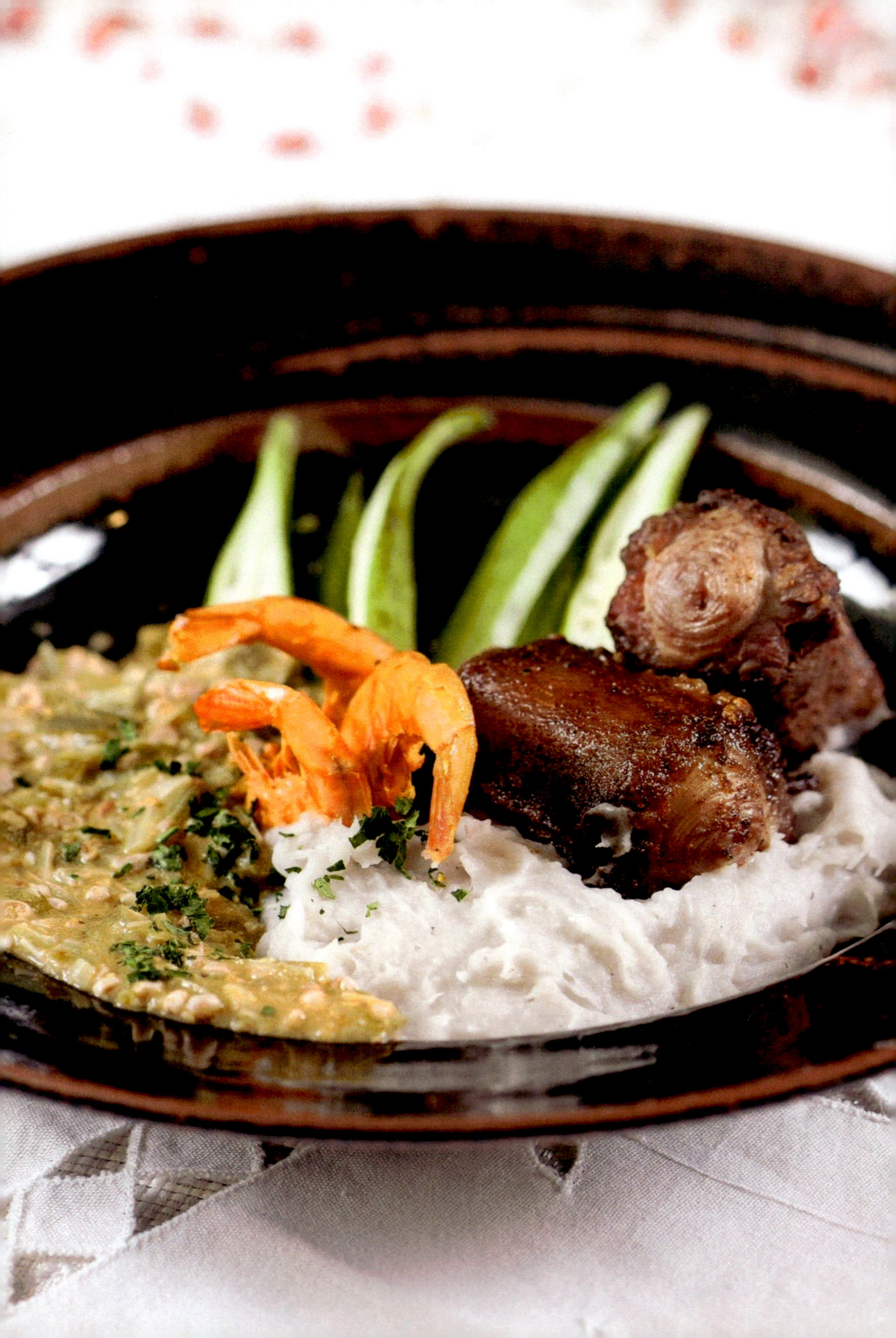

QUIABADA

Rendimento: 6 porções
Tempo de Preparo: 5 horas

Ingredientes
Rabada

4 colheres (sopa) de óleo
2kg de rabada, limpa e sem gordura
2 cebolas grandes picadas
2 cenouras picadas
6 tomates picados
1 talo de salsão picado
4 dentes de alho picados
Cebolinha, louro, pimenta-do-reino e sal a gosto
750ml de vinho tinto seco
3 litros de água

Caruru

4 colheres (sopa) de azeite de oliva
6 colheres (sopa) de azeite de dendê
1 cebola picada
1 dente de alho picado
1kg de camarões frescos

250g de camarões secos descascados e moídos
100g de amendoim torrado e moído
1kg de quiabos picados em cubos pequenos
Coentro a gosto

Purê de Inhame

1kg de inhame descascado e cozido com sal
3 colheres (sopa) de manteiga
6 colheres (sopa) de azeite de oliva
Sal e pimenta-do-reino a gosto

Modo de Preparo

Rabada

Em uma panela, coloque óleo e frite bem a rabada por 15 minutos, retire da panela e reserve. Na mesma panela, frite as cebolas, as cenouras, os tomates, o salsão, o alho, a cebolinha, o louro, a pimenta-do-reino, o sal e volte a rabada para a panela. Adicione o vinho tinto e cubra a rabada com a água bem quente. Cozinhe até soltar a carne do osso, por umas 4 horas, em fogo baixo. Depois de pronto, desfie a carne. Coe todo o caldo, caso fique muito grosso, coloque mais água (em torno de um litro) e deixe cozinhar em fogo baixo por mais 30 minutos. Caso não queira desfiar a carne, não precisar fazer esta etapa.

Caruru

Em uma panela coloque os azeites, a cebola e o alho. Refogue bem e acrescente os camarões, metade do amendoim e o quiabo. Junte o coentro e deixe cozinhar em fogo brando. Se necessário, adicione um pouco de água. Quando estiver cozido, se quiser, junte o amendoim restante para engrossar. Cozinhe mais um pouco e coloque o dendê.

Purê de Inhame

Amasse todo o inhame que foi cozido. Em uma panela, coloque a manteiga, o azeite, o sal e a pimenta-do-reino. Adicione o inhame amassado e misture bem. Se ficar muito seco, coloque mais um pouco de azeite e manteiga. Mexa novamente até que ele fique pastoso.

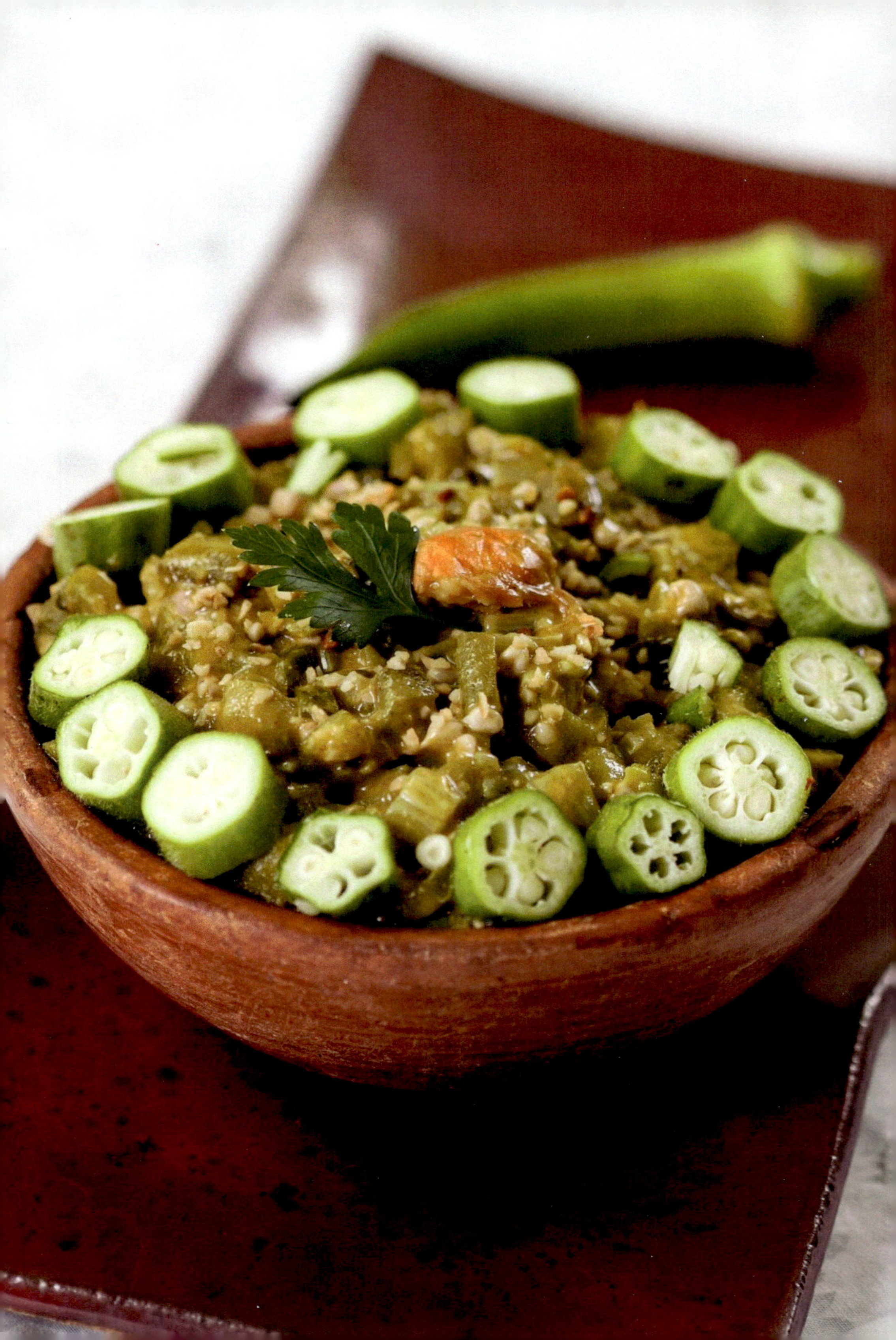

Amalá

Rendimento: 6 porções
Tempo de Preparo: 1 hora e 30 minutos

Ingredientes

Para a rabada

4 colheres de óleo

2kg de rabada, limpa e sem gordura

2 cebolas grandes picadas

2 cenouras picadas

6 tomates picados

1 talo de salsão picado

4 dentes de alho picados

Cebolinha, louro, pimenta-do-reino e sal a gosto

750ml de vinho tinto seco

3 litros de água

Para o amalá

1 cebola picada

1 xícara de azeite de dendê

200g de fubá branco

500g de quiabos

10 colheres de azeite de oliva

Sal e pimenta-do-reino a gosto

Modo de preparo

Em uma panela, coloque óleo e frite bem a rabada por 15 minutos, retire da panela e reserve. Na mesma panela, frite as cebolas, as cenouras, os tomates, o salsão, o alho, a cebolinha, o louro, a pimenta-do-reino, o sal e volte a rabada para a panela. Adicione o vinho tinto e cubra a rabada com a água bem quente. Cozinhe até soltar a carne do osso, por umas 4 horas, em fogo baixo. Depois de pronto, desfie a carne. Coe todo o caldo, caso fique muito grosso, coloque mais água (em torno de um litro) e deixe cozinhar em fogo baixo por mais 30 minutos. Caso não queira desfiar a carne, não precisar fazer esta etapa.

Depois da rabada pronta separe o caldo e refogue-a com a cebola e o dendê. Com o caldo da rabada, faça uma polenta com o fubá branco e sirva com os quiabos cortados em rodelas, salteados no azeite de oliva com sal e pimenta-do-reino.

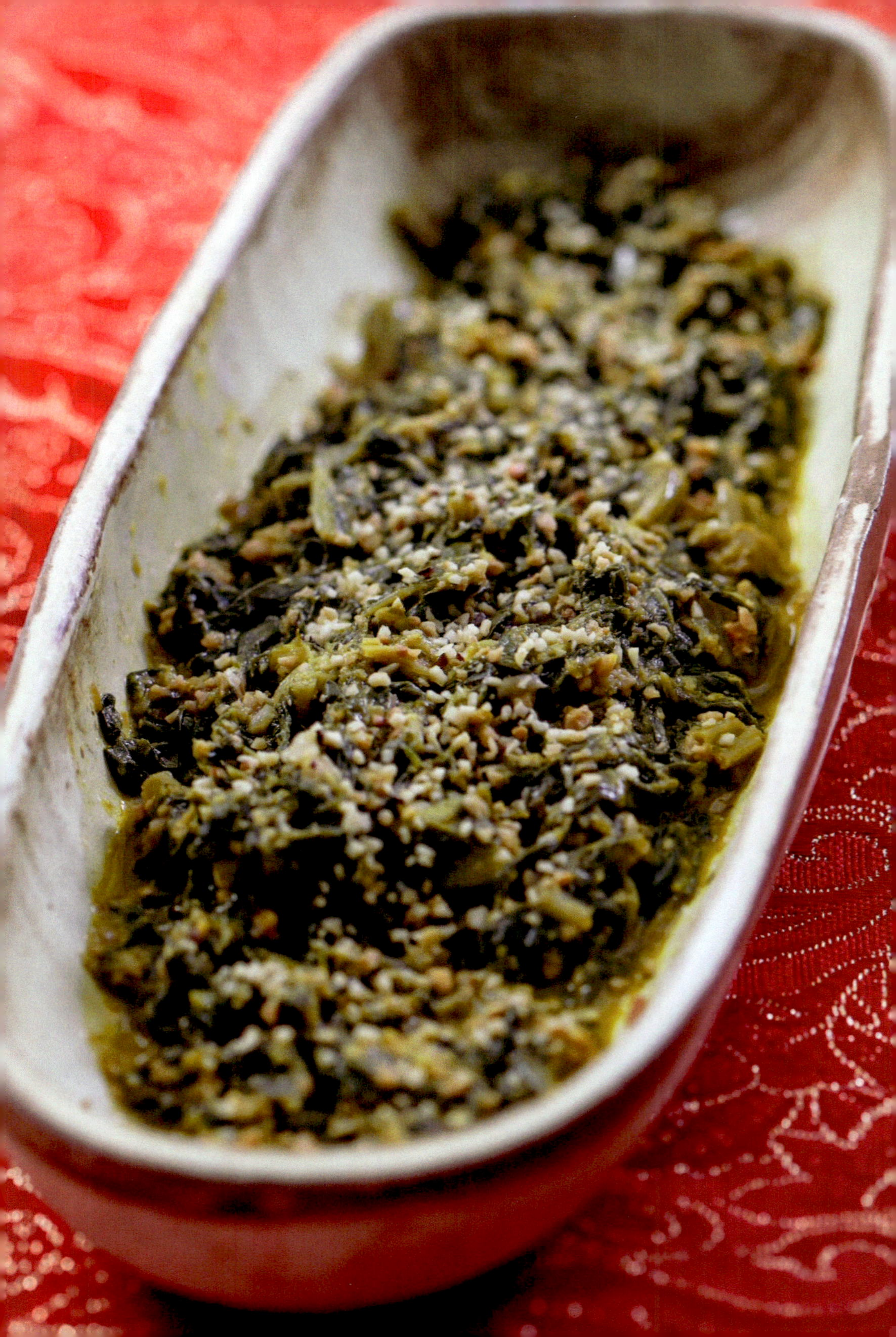

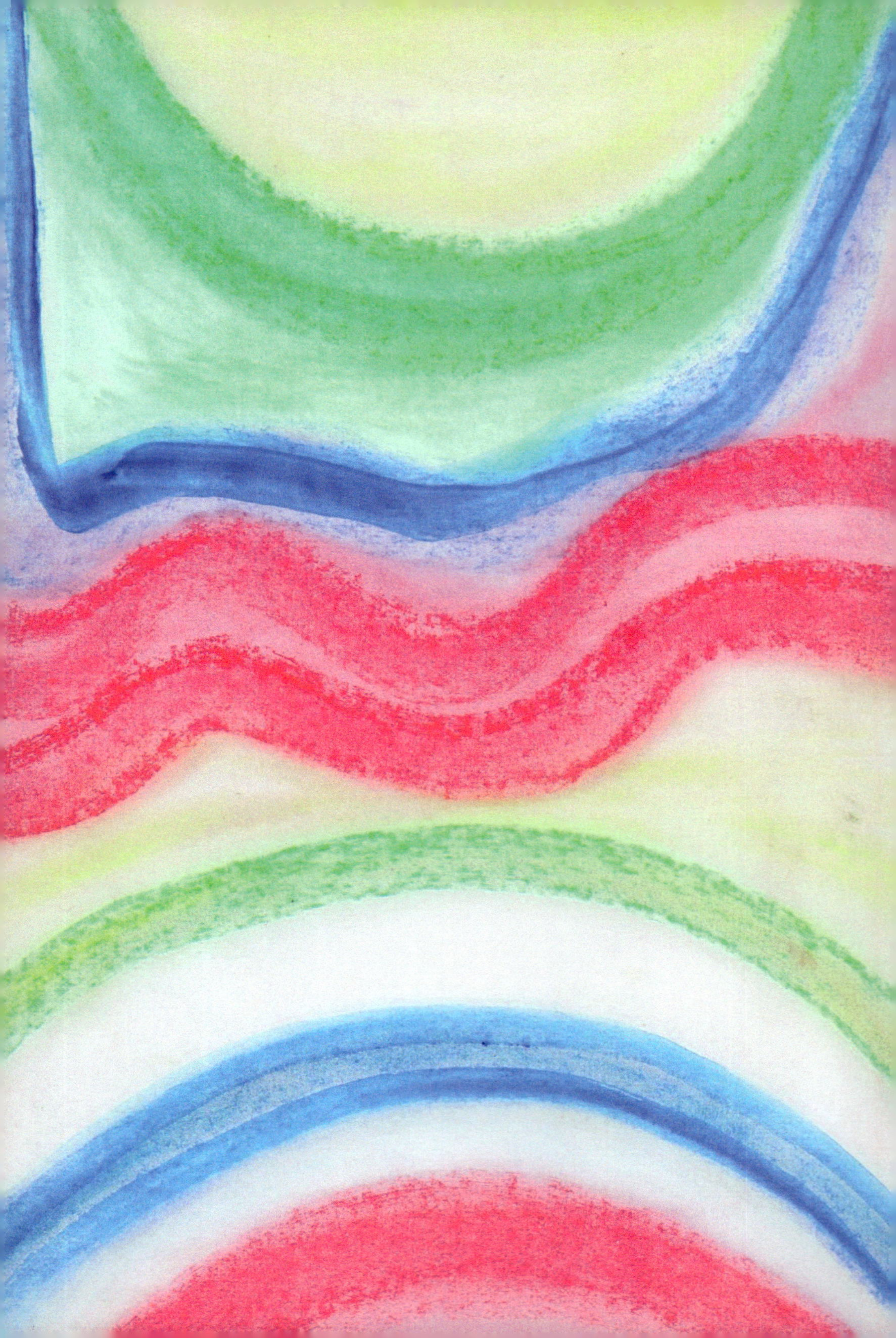

IBEJI

São os gêmeos, ou "os santos
que protegem as mulheres que
tiveram gêmeos e seus filhos".
Ibeji é Orixá guloso, come tudo
o que lhes dão. Adoram, por
exemplo, canas cortadas e seus
derivados como a rapadura
e a eles se dedicam
todos os tipos de doces.

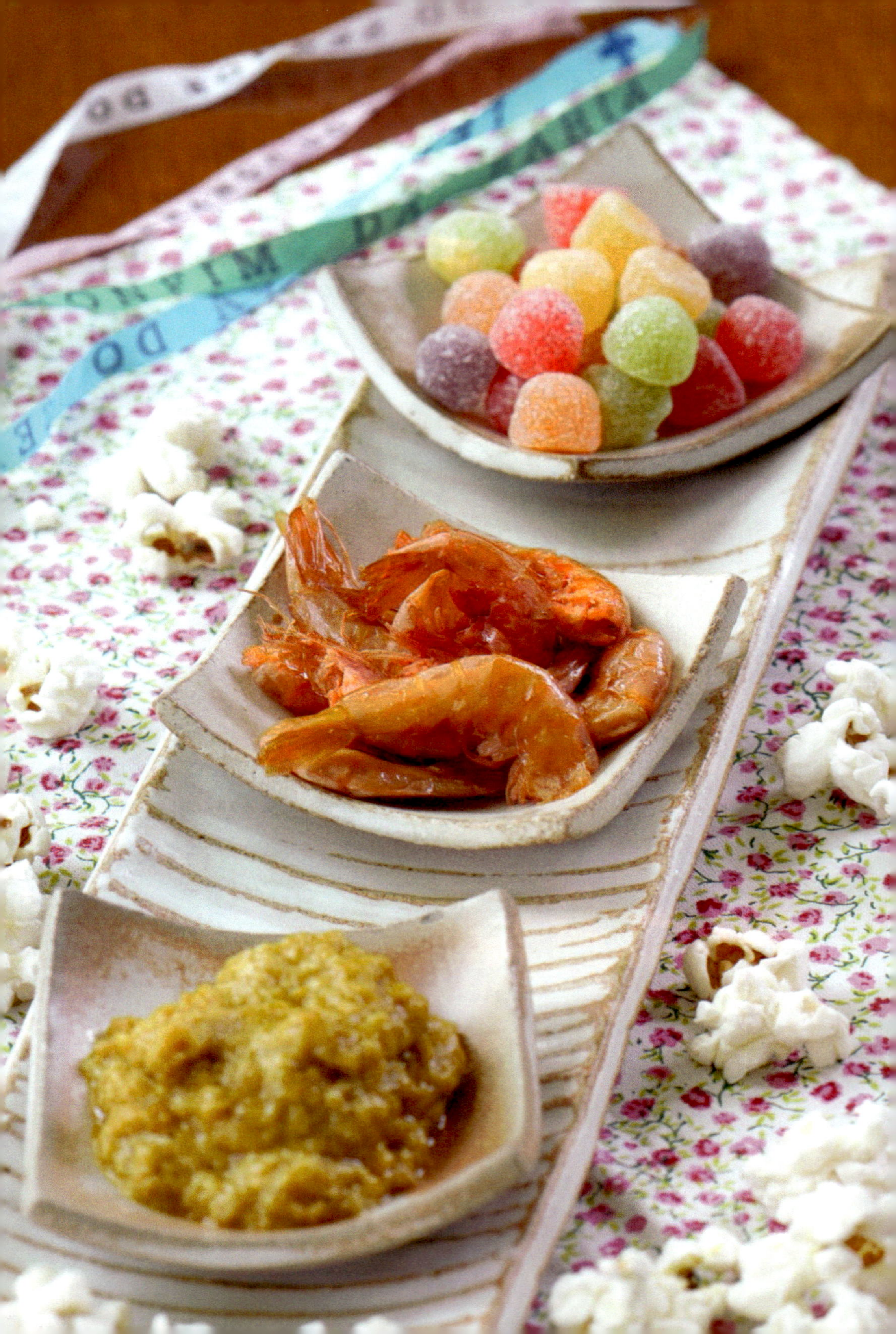

Caruru

Rendimento: 6 porções
Tempo de Preparo: 1 hora

Ingredientes

4 colheres (sopa) de azeite de oliva
6 colheres (sopa) de azeite de dendê
1 cebola picada
1 dente de alho picado
1kg de camarões frescos
250g de camarões secos descascados e moídos
100g de amendoim torrado e moído
1kg de quiabos picados em cubos pequenos
Coentro picado a gosto

Modo de Preparo

Em uma panela coloque os azeites, a cebola e o alho. Refogue bem e acrescente os camarões, metade do amendoim e o quiabo. Junte o coentro e deixe cozinhar em fogo brando. Quando estiver cozido, se quiser, junte o amendoim restante para engrossar. Cozinhe mais um pouco e sirva a seguir.

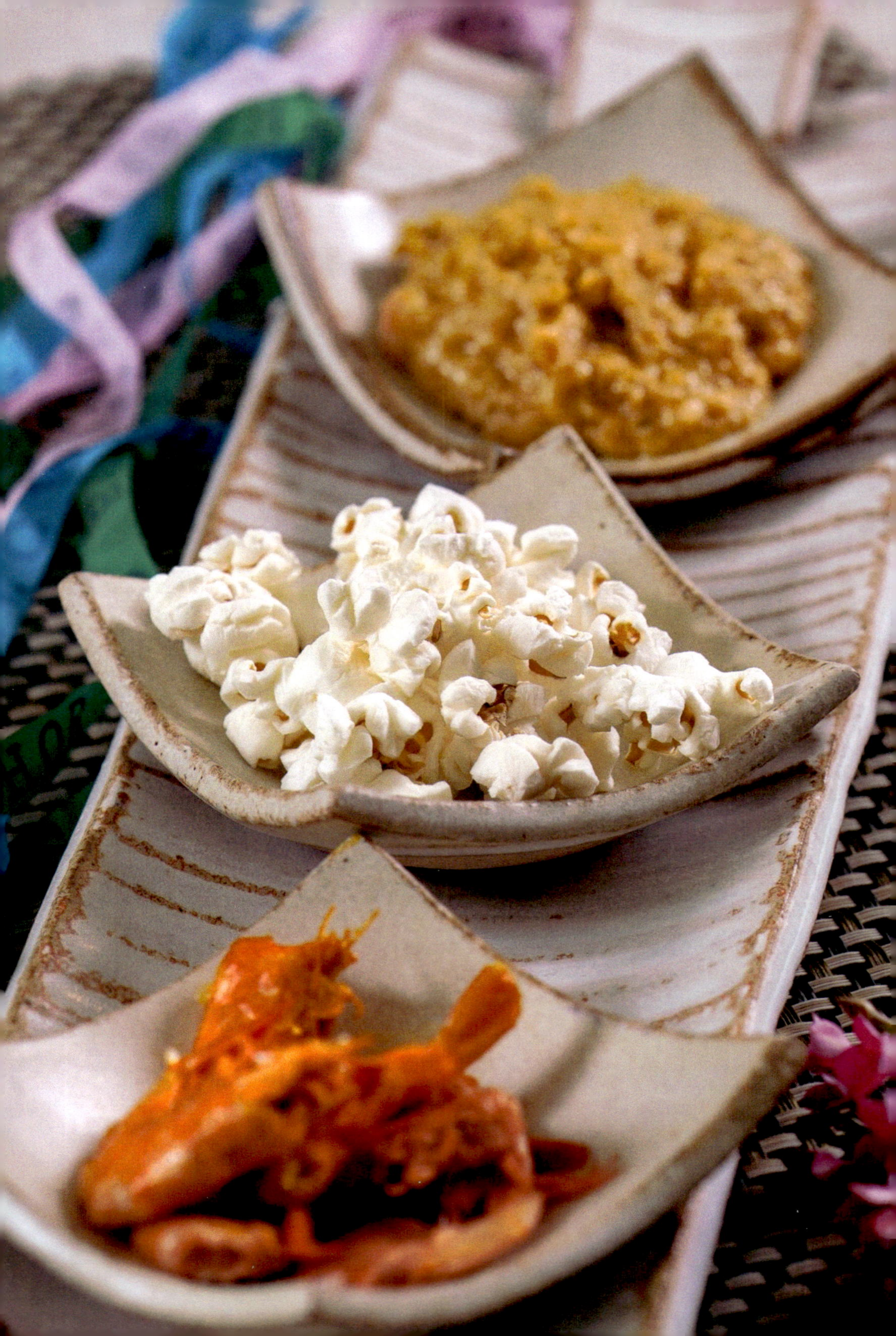

Vatapá e Pipoca de Ibeji

Rendimento: 6 porções
Tempo de Preparo: 1 hora e 5 minutos

Ingredientes

Para o vatapá

1,5kg de camarões secos

100g de amendoim torrado e sem a pele

100g de castanha de caju

6 pães franceses

1 litro de leite de coco

1/2 maço de coentro

1 cebola picada

1/2 maço de cheiro verde

1 colher (sobremesa) de gengibre ralado

10 colheres (sopa) de azeite de dendê

6 colheres (sopa) de azeite de oliva

Sal a gosto

Para a pipoca

6 colheres (sopa) de óleo para fritar

1 colher (sopa) de azeite de dendê

50g de milho de pipoca

Modo de Preparo

Vatapá

Limpe os camarões, retirando a cauda e a cabeça. Bata metade dos camarões no liquidificador junto com o amendoim e a castanha-de-caju até virar uma farofa homogênea e reserve. Pique os pães e dissolva em metade do leite de coco. Bata o coentro, a cebola, o cheiro-verde e o gengibre no liquidificador. Coloque o restante do leite de coco em uma panela ao fogo e acrescente os pães umedecidos, os temperos batidos e a farofa de camarão. Mexa durante todo o tempo para não empelotar. Acrescente o azeite de dendê, o azeite de oliva, a outra metade dos camarões inteiros e o sal. Continue a mexer até ferver bem.

Dica: Se ficar muito duro, acrescente mais leite de coco, se ficar muito mole, acrescente um pouco de farinha de trigo ou pão.

Pipoca

Em uma panela, coloque o óleo e o azeite de dendê. Quando estiver bem quente, coloque o milho de pipoca, tampe a panela e chacoalhe, segurando a tampa, para deixar a pipoca bem soltinha. Quando parar de estourar o milho, desligue a panela e pode servir.

OXALÁ

Criador do mundo, representa os primeiros grupos que saíram pelos quatro cantos da Terra para fundar as civilizações. Um destes grupos teria fundado a Terra e outro teria inventado o pilão, provocando uma verdadeira reviravolta na maneira de preparar os alimentos.

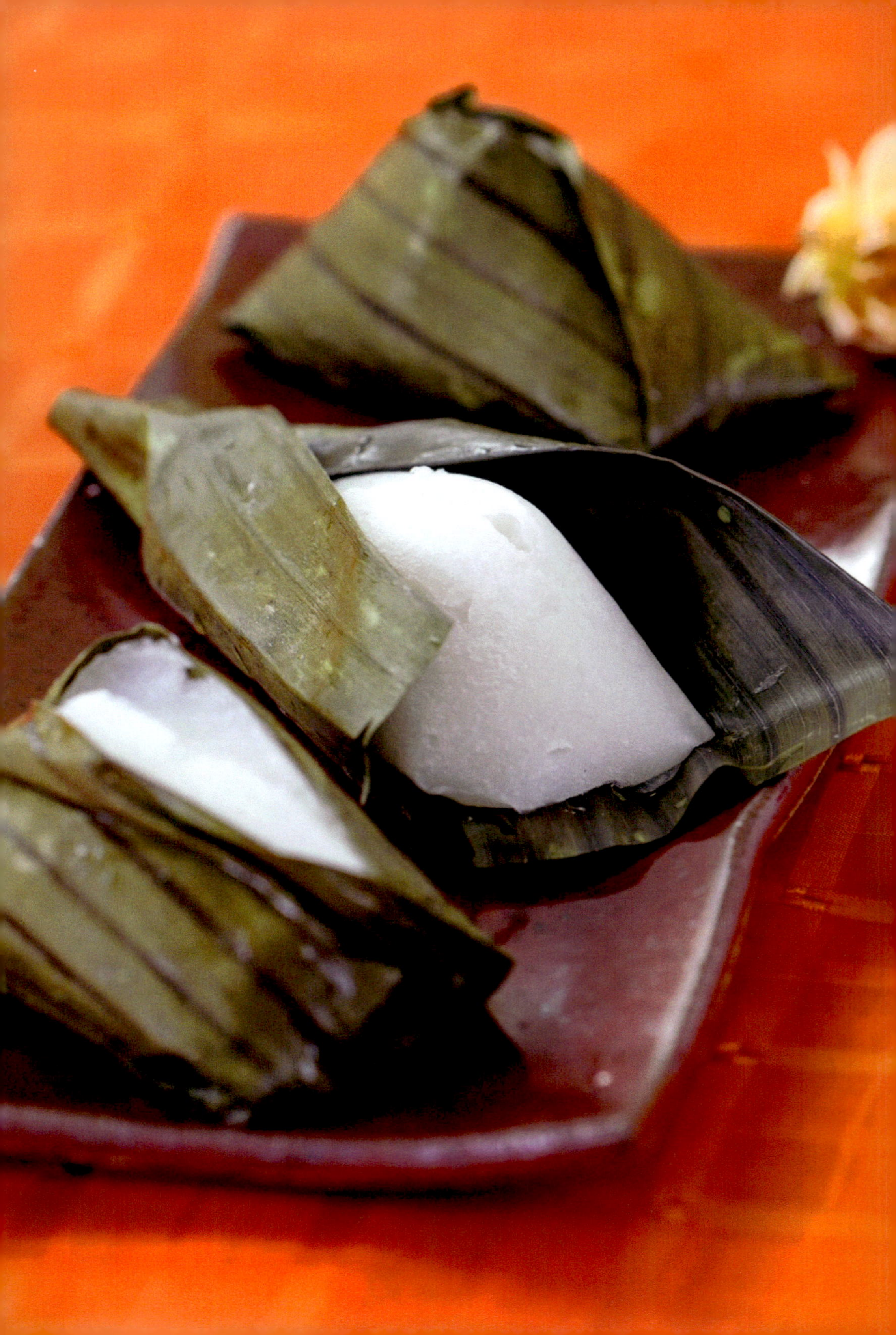

ACAÇÁ

Rendimento: 10 porções
Tempo de Preparo: 1 hora

Ingredientes

500g de milho branco em grãos
2 folhas de bananeira cortadas em 10x20cm
4 xícaras (chá) de água
1/2 colher (sopa) de sal

Modo de Preparo

Corte as folhas de bananeiras em quadrados e passe pelo fogo brando dos dois lados. Cozinhe o milho até ficar bem molinho, escorra a água e bata no processador de alimentos até que fique cremoso. Despeje o creme batido em uma panela, adicione a água, o sal e misture bem. Leve a panela ao fogo médio e cozinhe, mexendo sempre, por 25 minutos ou até que obtenha uma consistência de mingau um pouco grosso. Coloque duas colheres (sopa) da massa em pedaço de folha de bananeira e enrole.

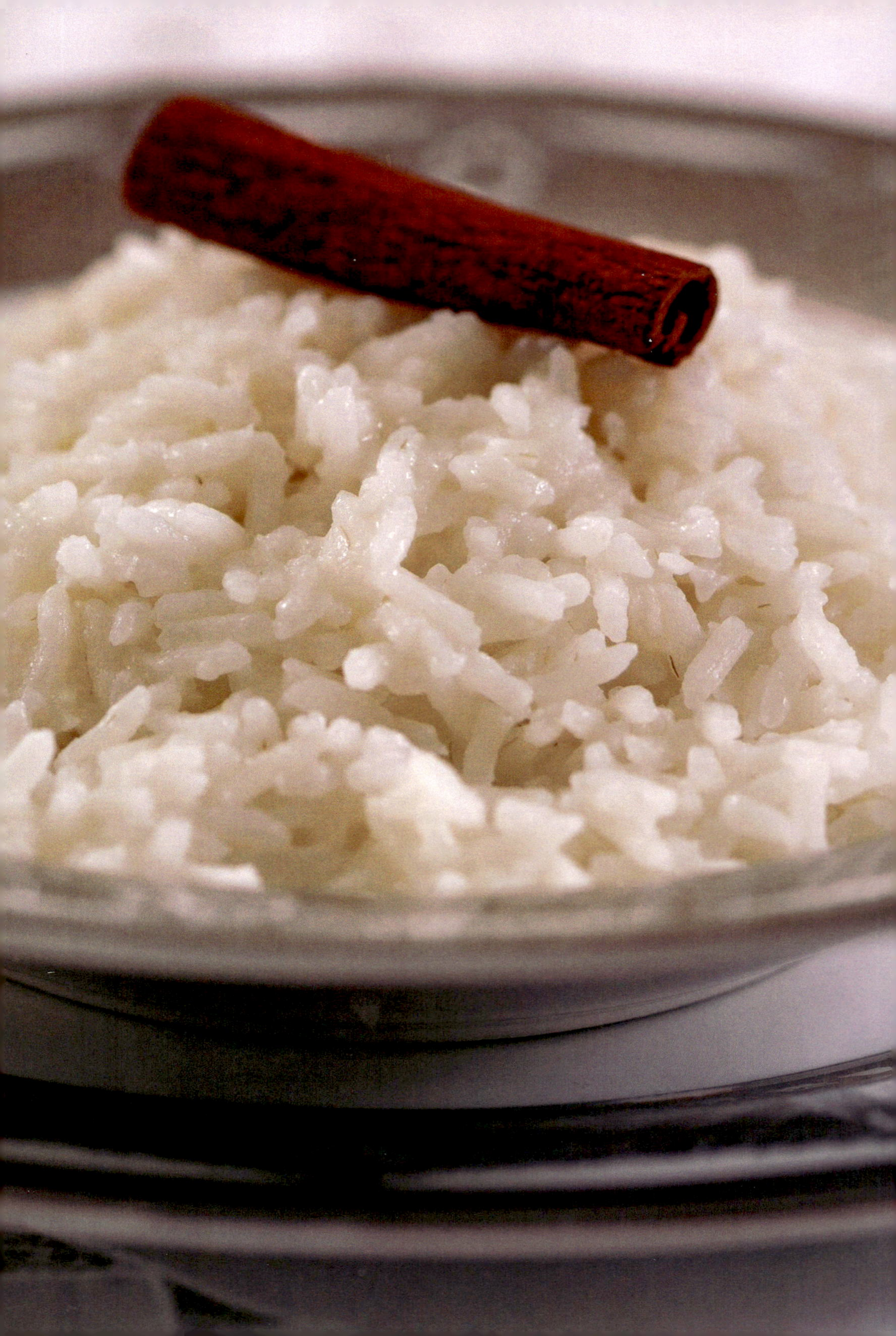

Arroz Doce

06 porções
Tempo de preparo: 30 minutos

Ingredientes

2 xícaras (chá) de arroz cru
4 xícaras (chá) de água
6 cravos-da-índia
2 paus de canela
1 xícara (chá) de açúcar
1 litro de leite integral
Canela em pó para polvilhar

Modo de Preparo

Coloque o arroz, a água, os cravos-da-índia e a canela em pau em uma panela e leve ao fogo. Quando começar a ferver, abaixe o fogo e deixe a água secar. Quando secar, acrescente o açúcar e o leite e volte ao fogo. Deixe ferver no fogo baixo e fique mexendo sempre para não grudar no fundo e engrossar. Assim que engrossar, está pronto. Despeje em uma tigela e polvilhe canela em pó por cima.

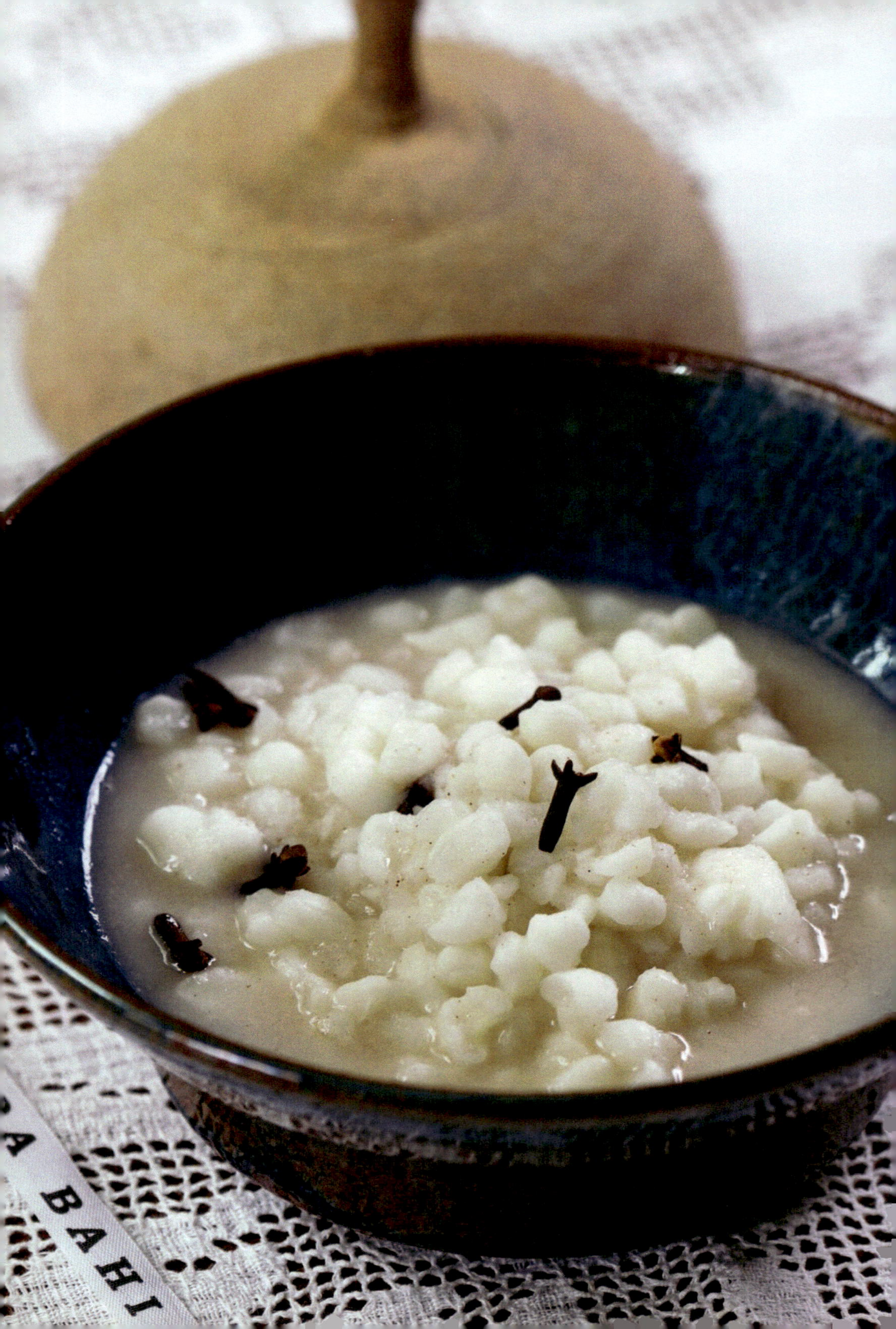

Canjica ao Leite de Coco

Ingredientes

200g de canjica branca
750ml de água
200ml de leite de coco
1 xícara (chá) de açúcar
1 canela em pau
3 cravos-da-índia

Modo de Preparo

Em uma panela de pressão, coloque o milho, a água, o leite de coco, o açúcar, a canela e os cravos-da-índia. Mexa bem, tampe a panela e deixe cozinhar por 30 minutos, contados após o início da pressão. Desligue e deixe tampada até esfriar para ficar bem mais molinho. Pode ser servido quente, morno ou gelado. Pode dar um toque final com paçoquinha de amendoim.

Tabela Universal de Medidas Gastronômicas

Em alguns países, especialmente os europeus, as medidas utilizadas na gastronomia são diferentes das que usamos no Brasil.

Por isso, preparamos essa tabela de conversão das principais medidas apresentadas no livro pára que você possa usufruir dos sabores e saberes dos Orixás em qualquer lugar do mundo! Aproveite!

Líquidos

1 lata	395 ml	13.5 fl oz
1 copo	250 ml	8.5 fl oz
1 xícara	240 ml	8 fl oz
¾ xícara	180 ml	6 fl oz
½ xícara	120 ml	4 fl oz
¼ xícara	60 ml	2 fl oz
1 colher de sopa	15 ml	0.55 fl oz
1 colher de sobremesa	10 ml	0.35 fl oz
1 colher de chá	5 ml	0.20 fl oz
1 colher de café	2,5 ml	0.10 fl oz

Açúcares e Granulados

1 xícara	180 g	6 oz
1 colher de sopa	15 g	0.45 oz
1 colher de chá	5 g	0.15 oz

Farinhas

1 xícara	120 g	4.25 oz
1 colher de sopa	7,5 g	0.25 oz
1 colher de chá	2,5 g	0.09 oz

Manteigas e Margarinas

1 xícara	200 g	7 oz
1 colher de sopa	15 g	0.5 oz
1 colher de chá	5 g	0.2 oz

Forno e Fogão

Forno brando   140-150º C   270-300º F

Forno médio   175-190º C   320-350º F

Forno quente   200-230º C   400-450º F

Forno muito quente 240-260º C   460º F

Sobre o Autor

Comunicador social por formação e chef de cozinha por amor e profissão, Carlos Ribeiro é o responsável pelo Na Cozinha Restaurante. Doutorando na USP em Estudos Latinos Americanos, onde também é Mestre em Estudos Latinos Americanos, lecionou nas Universidades Federal da Paraíba, FAAP, Anhembi Morumbi, Uninove, Centro Universitário Belas Artes, entre outras.

Também é autor dos livros "Culinária Japonesa para Brasileiros", "Comida é Arte", "Historia da Gastronomia, Panificação, Confeitaria, Cozinha Contemporânea", "Estruturas e Funcionamento das Cozinhas de Bares, Hotéis e Restaurantes", além de colaborador nos livros "Café" e "100 anos de Vinicius".